Haatchi
& Little B

WENDY HOLDEN

Haatchi & Little B

Tradução
Carolina Caires Coelho

1ª edição

Rio de Janeiro | 2016

CIP-BRASIL. CATALOGAÇÃO NA FONTE
SINDICATO NACIONAL DOS EDITORES DE LIVROS, RJ.

H674h

Holden, Wendy, 1961-
    Haatchi & Little B / Wendy Holden; tradução Carolina Caires Coelho. - 1.
ed. - Rio de Janeiro: Best*Seller*, 2016.
    224 p. ; 21 cm

    Tradução de: Haatchi & Little B
    ISBN 978-85-7684-980-3

    1. Relação homem-animal. 2. Animais de estimação. 3. Cão. I. Coelho,
Carolina Caires. II. Título.

16-31570
                                     CDD: 636.0887
                                     CDU: 639.1.04

Texto revisado segundo o novo Acordo Ortográfico da Língua Portuguesa.

Título original
HAATCHI & LITTLE B
Copyright © 2014 Wendy Holden and Owen Howkins
Copyright da tradução © 2016 by Editora Best Seller Ltda.

Publicado primeiramente como Haatchi & Little B pela Transworld Publishers.

Capa adaptada da original: Micaela Alcaino
Editoração eletrônica: Ilustrarte Design

Todos os direitos reservados. Proibida a reprodução,
no todo ou em parte, sem autorização prévia por escrito da editora,
sejam quais forem os meios empregados.

Wendy Holden afirma seus direitos morais de ser identificada como autora desta obra.

Direitos exclusivos de publicação em língua portuguesa para o Brasil adquiridos pela
EDITORA BEST SELLER LTDA.
Rua Argentina, 171, parte, São Cristóvão
Rio de Janeiro, RJ — 20921-380
que se reserva a propriedade literária desta tradução.

Impresso no Brasil

ISBN 978-85-7684-980-3

Seja um leitor preferencial Record.
Cadastre-se e receba informações sobre nossos lançamentos e nossas promoções.

Atendimento e venda direta ao leitor
mdireto@record.com.br ou (21) 2585-2002

Este livro é dedicado aos que são diferentes
e aos seres humanos e animais que os amam
ainda mais por causa disso.

Nota da autora

DE VEZ EM QUANDO na vida — se tivermos sorte — encontramos aqueles que deixam pegadas (ou marquinhas de patas) em nossos corações, e nunca voltamos a ser como antes. Haatchi e Little B me tocaram dessa forma assim que eu soube da história deles, no fim de 2012.

Algo na expressão dos dois tocou meu coração e chamou minha atenção. Por ter amado animais durante toda a vida e protegido os menos favorecidos, fiquei profundamente emocionada quando li mais a respeito das incríveis experiências dos dois e de como o destino os unira. Isso daria um livro ótimo, pensei.

Alguns meses depois a mãe adotiva de Haatchi, Colleen, e seu futuro marido, Will, pai de Little B, inesperadamente me perguntaram se eu gostaria de escrever este livro. Um projeto difícil no qual eu trabalhara por meses havia sido cancelado, e eu não só estava disponível como também precisando de nova inspiração. O destino, que já tinha atuado nas vidas de um cão e de seu menino, me levou a uma das famílias mais inspiradoras que já pude imaginar que conheceria.

Esta história é muito mais do que a narrativa da indescritível crueldade contra um animal indefeso. É uma história redentora sobre o que acontece com o espírito diante do amor incondicional, da confiança e do perdão. Mostra como o pior da natureza humana pode trazer à tona o melhor.

Um garotinho memorável e sua família resgataram um cão de três pernas que retribuiu a eles mil vezes mais e mudou a vida de todos para sempre.

A história deles está longe de acabar, e continuará a inspirar e mudar a vida de todos que terão a sorte de conhecê-los nos próximos anos. Eu sei, porque mudou a minha. E meu coração está todo coberto por suas marcas...

Wendy Holden

Adapte-se às coisas nas quais sua vida se baseou e ame com sinceridade as outras criaturas com quem o destino determinou que você viva.

Marco Aurélio

Prólogo

*E*RGUENDO A CABEÇA, *ele sentiu o cheiro do ar da noite com o focinho preto e úmido. Tentou se mover, mas a dor era forte demais, então voltou a se encolher onde estava, entre os trilhos do trem. Espiando para um lado e para o outro com os olhos cor de âmbar, ele imaginava aonde seu humano teria ido e por que o abandonara ali, no escuro. Será que ele tinha feito algo errado? Será que alguém viria ajudá-lo?*

Sentiu a chegada do trem muito antes de o ouvir.

Os trilhos de metal começaram a vibrar quase imperceptivelmente no começo. As vibrações foram aumentando, até pulsarem como uma corrente elétrica por seu corpo, fazendo-o tremer da cabeça à cauda.

Remexendo-se, ele tentou se levantar mais uma vez, mas não conseguiu se mover. Quanto mais tentava, mais a dor tomava conta da parte inferior de seu corpo.

Inclinando a cabeça para um lado, sua audição muito aguçada notou o ruído do trem que se aproximava enquan-

to os trilhos vibravam sob ele. E então as luzes da locomotiva foram se aproximando dele como as dos faróis de um carro. Uma máquina implacável, cujo destino era a enorme estação de triagem e de depósito de produtos adjacente à feira de New Spitalfields, em East London.

Ainda se esforçando e tentando usar seu tamanho e seu vigor para superar a dor que o detinha na trajetória do monstro, o cachorro chegou a ficar esbaforido. Mas, por mais que se esforçasse, não conseguia escapar.

Choramingando e confuso, ele virou a cabeça para olhar para o maquinista iluminado dentro da cabine — totalmente alheio ao que estava prestes a acontecer ao aproximar cada vez mais o conjunto de vagões de trinta toneladas de onde a criatura se encontrava deitada.

O maquinista não soube dizer, mais tarde, o que o fez olhar para os trilhos no último segundo. Talvez tenha sido a expressão nos olhos do cachorro. Ou pode ter sido também um último latido desesperado?

De qualquer modo, ele não pôde fazer nada além de dar um grito abafado ao sentir o trem sacolejar levemente antes de seguir pela noite.

1

*"Nem toda a escuridão do mundo
pode extinguir a luz de uma única vela."*
São Francisco de Assis

NINGUÉM SABE AO certo como o cão, que mais tarde passou a ser chamado de "Perdido: E10", foi parar nos trilhos naquela noite amarga de 9 de janeiro de 2012. Poucas pessoas conseguiam imaginar que tipo de ser humano teria abandonado um pastor-da-anatólia de 5 meses em uma área restrita e cercada de uma linha de trem movimentada sem ter como escapar. As pessoas que o encontraram acreditavam que ele tivesse sido golpeado na cabeça com um objeto sem ponta e jogado nos trilhos. Alguns disseram que ele podia ter sido amarrado aos trilhos e especularam que as rodas do trem romperam as amarras, permitindo que ele escapasse de ainda mais ferimentos.

Só uma pessoa sabe a história toda: o homem de sotaque estrangeiro responsável pelo animal indefeso naquela noite. Ele foi visto brevemente nos trilhos por um gerente de operações da ferrovia minutos antes de o cachorro ser encontrado, mas fugiu para a escuridão antes que lhe perguntassem qualquer coisa. Não surpreende que ele nunca tenha aparecido para resgatar o animal que abandonou.

Independentemente das circunstâncias exatas dos acontecimentos que levaram à mutilação quase fatal do lindo filhote, todos concordam que foi um terrível ato de crueldade.

Podem ter sido as ações de um louco ou o resultado de um acordo que não deu certo. Talvez o cão de pernas compridas não fosse mais bonito o bastante para render ao seu dono o valor de mais de 500 libras que os pastores-da-anatólia costumam valer. Ele talvez ficasse do tamanho de um labrador, mas ainda era só um filhote, e filhotes exigem muitos cuidados, além de darem muitas despesas.

Assim como ninguém sabe exatamente o que aconteceu depois. O maquinista que relatou ter atropelado um animal no trilho não tinha certeza inicialmente de que se tratava de um cachorro, e certamente não acreditava que a criatura pudesse ter sobrevivido ao impacto. Por um lado, ele deve ter torcido para que a morte tivesse sido rápida e indolor.

O primeiro milagre, no entanto, foi o cão não ter morrido imediatamente. De algum modo, quando o trem carregado passou por cima dele, o cachorro conseguiu se deitar nos trilhos e evitar ferimentos fatais. Infelizmente, ele não conseguiu escapar do trem, e as rodas quase cortaram sua perna esquerda traseira.

Haatchi & *Little B*

O segundo milagre foi que, agindo por um instinto nato de escapar do perigo, ele conseguiu erguer o corpo ferido com a força das patas ilesas e pôde se afastar mancando, deixando um rastro de sangue.

Sem dúvida, ele estava sentindo grande dor ao se arrastar para um local que deve ter considerado seguro, onde desabou entre os trilhos adjacentes. Mal sabia ele que, naquele corredor movimentado de trilhos, com margens muito estreitas dos dois lados, ele ainda estava diretamente na linha do trem e do tráfego de passageiros.

Ninguém sabe por quanto tempo depois do primeiro impacto o pastor-da-anatólia permaneceu deitado ali no frio, sem comida nem água, perdendo sangue, cheirando e, de vez em quando, lambendo os ferimentos. Outros condutores de trem que o viram perto do local conhecido na região como Ruckholt Road Junction, na divisa de Hackney Marsh e Leyton, alertaram os funcionários que trabalhavam na sala do controle de operações. Ali, alguém entrou em contato com o gerente de operações móveis da rede, Nigel Morris, e pediu que ele investigasse, mas foi decidido que as operações da linha não seriam interrompidas enquanto o animal ferido não fosse visto, confirmando que ainda estava vivo.

Levando uma lanterna para entrar na área cercada por um portão de metal, Nigel começou a procurar um cachorro na linha. A área onde ele fora visto havia sido movimentadíssima naquela noite, com um total de quatro linhas com vagões de passageiros que seguiam para o aeroporto Stansted em Londres e para Cambridge, além de trens de carga que iam para a estação de triagem ou dela partiam.

Nigel fora direcionado inicialmente à área de Temple Mills, onde latidos tinham sido ouvidos, mas no fim era apenas um cão de patrulha guardando uma área industrial cercada. Ele começou a caminhar pelo caminho do trilho no sentido contrário quando, de repente, avistou um homem caminhando em sua direção, no escuro. O desconhecido era forte e levava dois enormes cães consigo — um alsaciano e um mastim, ambos em guias curtas. Nigel não conseguia entender como o intruso conseguira passar por tantas cercas e pela segurança pesada com dois cães grandes. Mas ele tinha uma preocupação bem maior: os trens ainda estavam passando por eles, então Nigel, depressa, usou o rádio para relatar a presença de um homem na linha e pediu que os trens parassem.

Quando Nigel se aproximou do estranho, gritou, perguntando o que ele fazia ali. O homem de cerca de 40 anos e aproximadamente 1,80 m, com um sotaque que parecia ser do Leste Europeu, parecia totalmente inabalado. Disse estar procurando seu cachorro. O esquisito, no entanto, foi que ele andava na direção oposta à que relataram a Nigel que um cachorro ferido fora avistado.

Como a principal preocupação de Nigel era tirar o homem dos trilhos e colocá-lo em segurança, deixou que ele e os cães passassem pelo portão de acesso mais próximo, e rapidamente transmitiu uma mensagem pelo rádio, dizendo que os trens podiam voltar a circular. Chamou o desconhecido para avisar que continuaria procurando seu cachorro, mas ficou surpreso ao ver que o homem não demonstrou interesse e foi embora apressado. Nigel o observou se afastando na escuridão, e então continuou procurando pelos trilhos com a lanterna até acabar vendo o que descreveu posteriormente como "uma sombra entre os trilhos".

Era um cão, deitado de barriga para baixo, imóvel. Nigel se aproximou com cuidado, embora acreditasse que o cão já estivesse morto e que ele teria de retirar o corpo dali. Mas quando chegou perto surpreendeu-se ao ver que o animal ainda estava vivo, apesar de a perna esquerda traseira estar coberta de sangue.

Nigel logo percebeu que o cão não só era dócil, mas também estava machucado demais para atacá-lo. Assim, tentou tirá-lo dos trilhos, porém acabou sujando toda a roupa e os sapatos de sangue; estava claro que não conseguiria fazer isso sozinho. Ligou para a sala de controle e pediu que entrassem em contato com a Sociedade Protetora dos Animais para que eles enviassem um representante para auxiliá-lo. E, então, permaneceu perto do cão ferido, esperando.

A representante da Sociedade Protetora dos Animais de plantão em East London naquela noite era Siobhan Trinnaman, então foi ela quem recebeu a ligação logo depois das 19h, para cuidar de um "cão nos trilhos". Depois de anotar o código postal — em algum trecho da região de E10 —, ela entrou em seu Citroën Berlingo com o logotipo da organização e dirigiu até o local, que ficava próximo do lugar onde ocorreriam as Olimpíadas.

Nigel Morris a encontrou na rua e destrancou um portão de acesso que dava passagem pelas cercas de segurança erguidas como parte da proteção para as Olimpíadas. Siobhan estava parada na perigosa área estreita à beira da movimentada linha por onde passavam trens que transportavam pessoas e produtos pelo país e para fora dele. Os trens continuavam passando enquanto ela caminhava no chão irregular de pedras até onde Nigel encontrara o cão. Movimentando a lanterna para um lado e para o outro, ela finalmente encontrou o animal deitado entre os trilhos. De imediato constatou que ele estava em situação ruim e sangrando muito. Mantendo uma distância segura dele, Siobhan iluminou o corpo do cão com a lanterna e viu que se tratava de um macho com ferimentos graves nos membros traseiros. Siobhan se sentiu aliviada ao vê-lo erguer a cabeça e olhar diretamente para ela.

Então, ouviu algo que a assustou. Recostando-se numa cerca, ela percebeu que outro trem se aproximava.

Nigel a tranquilizou. "Tudo bem", disse ele. "Observe. O cão sabe o que fazer. Os trens simplesmente passam por cima dele. Há espaço suficiente desde que ele não tente se levantar."

Os dois se recostaram na grade e prenderam a respiração enquanto o trem de passageiros seguia em direção ao cão a uma velocidade de mais de 70 km/h. Siobhan observou surpresa quando o animal, baixando as orelhas, simplesmente se deitou e deixou o trem passar sobre ele. Após o último vagão passar, ele tornou a erguer a cabeça, com as orelhas em pé, e olhou para os dois para ter certeza de que ainda estavam ali.

Assim que ela viu o olhar suplicante do cachorro, Siobhan implorou para Nigel conseguir parar a linha o mais rápido possível.

Com tantas raposas, cães e gatos de rua atravessando as movimentadas linhas da Grã-Bretanha todos os dias, a política da Network Rail é de não parar a linha para nenhum animal e nem mesmo alertar os condutores. Os funcionários podem, no entanto, pedir um "bloqueio de linha" se pessoas ou animais estiverem em perigo evidente. Assim, Nigel mandou uma mensagem de rádio para o controle de operações e pediu que a linha fosse temporariamente fechada pela segunda vez naquela noite, para que ele e Siobhan pudessem atravessar com segurança até o cão ferido. Logo que receberam a informação de que todos os trens tinham sido parados nas duas direções, eles correram para perto do animal.

A primeira coisa que Siobhan notou foi que o topo da cabeça do cachorro estava visivelmente inchado. Nos cinco anos de trabalho para a Sociedade Protetora dos Animais, ela já vira inúmeras vítimas de abuso e crueldade, e por sua experiência Siobhan soube que ele tinha sido agredido na cabeça com algum objeto — uma peça dura, provavelmente. Um trem teria causado danos muito maiores. A pata e o rabo estavam gravemente lacerados e ele perdia muito sangue, especialmente no rabo. Embora o cão não parecesse ter sofrido ferimentos internos, de acordo com o rápido exame de Siobhan, apenas um veterinário saberia dizer exatamente o que havia de errado.

Apesar dos ferimentos, o cão se mostrava tranquilo e bem diferente de muitos com quem ela tivera de lidar em seu trabalho. Muitos animais tão machucados quanto ele teriam rosnado só de ela se aproximar e certamente tentado mordê-la; Siobhan levara uma focinheira, inclusive, para se garantir. Aquele gigante gentil, porém, não pareceu se importar quando ela o tocou e apenas gemeu um pouco.

Siobhan tinha autoridade para ordenar que um animal fosse sacrificado se este estivesse sofrendo ou se apresentasse ferimentos muito graves, desde que um veterinário concordasse que não havia solução. No entanto, como aquele cachorro não parecia estar ferido em nenhum outro local e era, como Siobhan disse depois, "amável e amigável", ela tomou a decisão de tentar salvá-lo.

Com certa dificuldade, Siobhan e Nigel seguraram o animal, um em cada ponta, conseguiram fazê-lo se apoiar em três patas e o carregaram por quase 200 metros, até onde ela havia estacionado a van. Além do choramingo, ele quase não emitiu som quando eles o moveram e o colocaram na traseira do veículo. Como não era veterinária, Siobhan não tinha nenhum remédio anestésico, mas o deitou sobre alguns panos do lado que não estava machucado e agradeceu ao gerente de operações pela ajuda.

Embora Nigel Morris estivesse trabalhando para a Network Rail havia 12 anos, aquela noite de janeiro foi a primeira vez em que ele teve de lidar com um cão ferido nos trilhos. Apaixonado por bichos, assim como seus pais, que tinham dois cães muito amados em sua casa em Trinidad, Nigel mais tarde disse que teria adotado o pastor-da-anatólia atropelado se sua vida profissional lhe permitisse ter um animal de estimação; alguma coisa naquele cão mexeu com ele. Nigel ficou observando a van de Siobhan ir embora, torcendo para que o pobre filhote conseguisse se recuperar.

Siobhan dirigiu o mais depressa possível para o Hospital Veterinário Harmsworth Memorial, da Sociedade Protetora dos Animais, em Holloway, North London. O hospital, que funciona 24 horas por dia e oferece atendimento veterinário de baixo custo para pessoas de baixa renda, foi construído em 1968 graças a uma doação do magnata da indústria jornalística Sir Harold Harmsworth, primeiro Visconde Rothermere. Estudantes de veterinária praticam o que aprendem nesse hospital e os funcionários tratam de mais de nove mil animais por ano, incluindo muitos cães de rua feridos.

O filhote que fora encontrado nos trilhos latiu algumas vezes durante o trajeto de 25 minutos até o hospital, sobretudo quando seu rabo ou sua pata encostavam na lateral da van, mas, tirando esse fato, ele foi surpreendentemente forte. Quando Siobhan finalmente chegou, com as roupas cobertas de sangue, foi auxiliada por dois enfermeiros veterinários que a ajudaram a colocar o filhote em uma maca para levá-lo para dentro.

Stan McCaskie, diretor clínico do hospital e veterinário-chefe de plantão naquela noite, foi cuidar do cão imediatamente, ali mesmo na sala de preparação, examinando os ferimentos e fazendo de tudo para estancar o sangramento.

"Nunca vou me esquecer daquele cão enorme sendo levado até mim na maca, meio sentado, olhando para tudo a seu redor", disse o Dr. McCaskie mais tarde. "Parecia calmo e quase relaxado. Quando eu soube que ele tinha sido atropelado por um trem, não acreditei. Rezei para que ainda tivesse as patas traseiras, que costumam ser perdidas. Felizmente, uma das patas estava boa, mas a outra havia sido despelada e esmagada do tornozelo para baixo, até o fim."

Stan, que saiu de Barbados para estudar veterinária na Inglaterra com uma bolsa de estudos em 1989, trabalhava no Harmsworth havia 24 anos e sabia que o mais importante era estabilizar o cão depois do trauma que sofrera. Assim, aplicou soro para hidratá-lo, ministrou alguns analgésicos e antibióticos, limpou e cobriu os ferimentos, entre eles um corte no lábio que precisou ser fechado com pontos e um machucado na cabeça. O rabo tinha sido quase totalmente decepado e Stan sabia que ele o perderia juntamente com a pata de trás. Porém, depois de tamanho trauma, a primeira coisa a se fazer era cuidar para que o filhote sobrevivesse aos próximos dias, que seriam críticos; caso contrário, ele poderia morrer até mesmo com a anestesia.

A equipe deitou o cão em um edredom dentro de um canil aquecido e silencioso, e os enfermeiros de plantão o monitoraram durante a noite. Ninguém sabia se ele sobreviveria, e muitos que o viram achavam que ele não conseguiria suportar.

Stan McCaskie voltou ao plantão noturno para realizar uma cirurgia em um gato, e foi a última vez que viu o cão atropelado. "É comum os animais chegarem, serem tratados por nós e nunca mais termos notícias", disse ele. "Nunca mais tive informações sobre o pastor-da-anatólia, mas jamais me esqueci dele. Era mesmo um cão muito amável."

Siobhan Trinnaman concorda plenamente. Ao deixar o cão, que registrara oficialmente como "Perdido: E10" aos cuidados do hospital naquela noite, sabia que havia a possibilidade de ele não sobreviver. Ao pensar nisso, ela se entristeceu. "Ele me marcou, não só pela maneira e pelo local em que o encontramos", ela lembrou mais tarde. "Seu olhar fez com que eu pensasse nele até muito tempo depois."

Mesmo aqueles em Harmsworth que estavam acostumados com a crueldade contra animais — cerca de 15% dos casos são violentos ou causados por negligência — ficaram chocados com o que acontecera com o mais novo paciente. Pessoas da equipe veterinária que já tinham resgatado animais envolvidos em brigas de cães, ou que haviam sido feridos ou agredidos até ficarem com os ossos quebrados, fizeram tudo o que puderam para mantê--lo vivo. Ficou claro que ele tinha levado uma pancada na cabeça, e a opinião geral era de que ele provavelmente desmaiara ou fora amarrado no trilho do trem para que não pudesse escapar. Foi muito triste ver um animal jovem e bonito como ele em uma situação tão ruim. "Perdido: E10" conquistou os corações de todos que o viram, porque, apesar de estar tão mal e de ter sido sedado, ainda levantava a cabeça com um olhar esperançoso sempre que alguém se aproximava.

Michelle Hurley foi uma das primeiras pessoas a ver o animal ferido logo depois de ele ser colocado no canil, naquela primeira noite. Ela era voluntária de uma instituição de caridade em North London chamada All Dogs Matter e visitava Harmsworth e outros abrigos duas ou três vezes por semana. Contando com a ajuda de voluntários, a All Dogs Matter resgata cerca de 250 a 300 cães todos os anos e os leva para canis e lares temporários em todas as partes do país. Eles recebem muitos cães de Harmsworth, e parte de seu trabalho é encontrar lares para os cães abandonados. Michelle costuma tirar fotos dos animais e postá-las em vários sites de resgate. Sempre que ocorre uma história de sucesso com um animal resgatado, a instituição usa essas imagens de "antes e depois" para enfatizar a crueldade contra animais, mas são fotos dolorosas de se tirar. Ela fotografou o pastor-da-anatólia ainda ferido, quando ele parecia extremamente debilitado.

O cão ferido sobreviveu à primeira noite no hospital e à segunda, e aqueles que cuidavam dele começaram a se sentir mais esperançosos. Ninguém apareceu afirmando ser o dono, nem dizendo que um cão com a descrição dele havia desaparecido. Ele também não tinha microchip, o que era incomum para uma raça tão cara e relativamente rara. Os funcionários acreditavam que o ato tinha sido de crueldade.

Nos dias que se seguiram, Fiona Buchan, também veterinária da Sociedade Protetora dos Animais, reuniu-se com seus colegas para discutir o que fazer com o paciente. Apesar de o filhote ser um cão gentil e tranquilo, eles sabiam que ele cresceria e ficaria muito grande. Assim, fica-

Haatchi & *Little B*

ram se perguntando como um animal tão grande viveria com apenas três patas e discutiram se, naquele momento, seria melhor sacrificá-lo. Se ele tivesse perdido uma pata dianteira, era quase certo que essa seria a decisão tomada. Mas, no fim, decidiram dar-lhe uma chance.

Quando o choque do atropelamento passou, o cão ferido sentia tanta dor por causa dos ferimentos, muito graves, que os veterinários nem sequer fizeram um exame de raio-X. Não havia por quê, já que a pata e o rabo tinham sido estraçalhados e não seria possível salvá-los.

Quando ela concluiu que o filhote já estava suficientemente estabilizado para uma cirurgia complexa, Fiona o anestesiou, removeu o rabo quase na base da espinha, e a perna, perto do quadril. Se tivesse esperado mais, uma infecção poderia ter se espalhado. Seguindo a política do hospital para animais de rua, ela também o castrou. Fiona disse posteriormente: "Tudo o que eu queria era que conseguissem encontrar o lar certo para ele. Sabia que aquele não seria um cão fácil de cuidar, mas, estranhamente, o que lhe havia acontecido e o fato de ele ter três patas o tornaram mais interessante, e lhe deram uma chance maior de se destacar entre os outros." No trabalho que descreveu como sendo, na maioria das vezes, "não reconhecido", ela disse que continuou pensando em seu paciente canino por muito tempo depois de tê-lo operado. "Havia algo em relação a ele que fazia valer o esforço extra."

Ninguém sabia o nome do enorme cão, mas um a um, os funcionários foram se apaixonando pelo animal que começaram a chamar de "ursinho". Apesar da crueldade que sofrera, o novo paciente sempre buscava o afeto das pessoas. Assim como antes, logo que o efeito da anestesia passou, ele já estava tentando se levantar para receber todo mundo que se aproximava. Aqueles que já tinham visto cães surrados quase até a morte ainda abanando o rabo quando viam um ser humano concordavam que aquele misericordioso pastor-da-anatólia, que só tinha um código postal como descrição, precisava de um nome de verdade. "Perdido: E10" parecia clínico demais, e "Tripé" (o outro nome mais comum usado pela Sociedade Protetora para cães de três patas) não fazia justiça a ele.

Então um homem chamado Alex, que trabalhava com Michelle na All Dogs Matter, deu-lhe o nome de Haatchi, e todos concordaram que era perfeito. O nome pegou. Era uma variação de Hachi, apelido de um cão akita japonês chamado Hachiko, dos anos 1920, que era tão dedicado ao dono a ponto de o esperar todas as noites na estação de trem até ele voltar para casa depois do trabalho. (O nome Hachiko significa "cão fiel número 8", por ele ter sido o oitavo filhote da ninhada, e também "um príncipe".) Então, certo dia em maio de 1925, o dono de Hachi, o professor Hidesaburo Ueno, sofreu uma hemorragia cerebral na Universidade de Tóquio, onde trabalhava, e nunca voltou para casa. Durante os dez anos seguintes, até sua própria morte, Hachi foi à estação exatamente no mesmo horário da chegada do trem de seu dono esperar por ele em vão. Os passageiros que o viam todas as noites logo fizeram amizade com ele, e lhe davam alimentos e petiscos con-

Haatchi & *Little B*

forme as notícias de sua lealdade se espalhavam. Matérias foram publicadas sobre ele e Hachi se tornou uma sensação. Ele era citado para crianças em idade escolar como o maior exemplo da fidelidade que elas deveriam demonstrar em relação a seus pais e ao imperador, e Hachi logo se tornou fonte de orgulho nacional.

Uma estátua de bronze criada por um famoso artista foi erguida em sua homenagem na estação — na presença dele —, e apesar de posteriormente ter sido derretida e reciclada para os esforços de guerra, o filho do artista criou uma réplica anos depois. O monumento se tornou um popular ponto de encontro na estação; até hoje é conhecido como a "entrada do Hachiko", e a expressão "Encontro você no Hachiko" ainda é compreendida pela maioria dos moradores de Tóquio. O ponto exato onde ele esperava também foi marcado com pegadas caninas em bronze.

Quando Hachi morreu, em março de 1935 — ainda esperando pacientemente por seu dono —, seu corpo foi empalhado e colocado em exposição no Museu Nacional de Ciência em Tóquio; milhares de pessoas formaram fila para vê-lo. Ainda hoje, oitenta anos depois, a loja do museu vende um modelo dele. Todos os anos uma cerimônia em homenagem a Hachi é realizada na estação onde ele esperava e gente de todo o mundo, que ama animais, participa da cerimônia. E em 1959 uma gravação até então desconhecida de Hachi latindo foi tocada na rádio nacional japonesa pela primeira vez, tendo sido ouvida por milhões de pessoas.

A história emocionante acabou se transformando em filme no Japão, em 1987, e nos Estados Unidos, em 2009, numa produção lançada no mundo todo, filmada nos próprios Estados Unidos e estrelada por Richard Gere, chamada *Sempre ao seu lado*. Hachi também foi protagonista de muitos livros infantis.

O jovem pastor-da-anatólia que recebeu uma variação de seu nome oitenta anos mais tarde, e em outro continente, tinha apenas um elo com o fiel akita: a linha do trem. Mas certamente parecia ter o mesmo espírito leal de seu nobre xará, e agradava a todos que o conheciam.

Embora já tivesse um nome, Haatchi estava longe da salvação. Todos sabiam que, se ele sobrevivesse, enfrentaria muitos problemas de saúde onerosos que tornariam ainda mais difícil a busca por um lar adequado. Qualquer cão que tenha perdido uma perna e se tornado "tripé" (ou "três patas"), como são chamados, precisa de tempo e espaço para se acostumar com sua nova forma, seu novo caminhar e centro de gravidade. Ocorre uma perda repentina de equilíbrio e de estabilidade, principalmente em superfícies instáveis ou escorregadias. Durante suas tentativas de se adaptar à transição, Haatchi caía muito, e suas quedas frequentes ameaçavam desestabilizar os tocos em cicatrização da perna e do rabo amputados.

Aos poucos, porém, a perna traseira remanescente se tornou muito mais capaz de aguentar peso e, assim como todos os cães com três patas, ele começou a se reposicionar para um ponto mais central em busca de apoio. Também passou a girar a pata para ter mais tração. Tudo isso inevitavelmente viria a causar artrite e outros problemas

Haatchi & *Little B*

no lado direito do quadril, no joelho e na parte inferior da pata.

Mas, conforme foi se sentindo mais seguro, Haatchi passou a ter mais disposição para sair de sua jaula. Ele precisava desesperadamente de um espaço maior do que o que tinha e estava ficando estressado, choramingando o tempo todo. O Hospital Harmsworth também necessitava de que ele fosse retirado dali. As dependências estavam tão cheias que alguns animais estavam sendo mantidos em jaulas nos corredores, enquanto o canil era utilizado para atender casos mais urgentes do que o dele naquele momento.

Haatchi chegara àquele hospital quando não passava de um filhote confuso, mas foi forçado a crescer muito rapidamente, em poucas semanas. Havia enfrentado a pior experiência de sua vida, mas conseguira sair dela ainda mais forte. Apesar de ainda estar se recuperando dos ferimentos, encontrava-se bem o suficiente para ser adotado temporariamente até poder encontrar um lar permanente. Os funcionários do hospital pediram ajuda à equipe do All Dogs Matter. Enquanto eles procuravam uma casa para Haatchi, a inspetora da Sociedade Protetora dos Animais, Siobhan, foi visitar o cão que ela resgatara pensando que seria a última vez. "Ele continuava muito doce", disse ela. "Havia uma calma e uma bondade nele que tornavam impossível esquecê-lo." Ao se despedir, ela sabia que o que viesse a acontecer com Haatchi dali para a frente dependeria de outras pessoas.

A All Dogs Matter — cujo presidente é o ator Peter Egan, das séries *Ever Decreasing Circles* e *Downton Abbey* — tem uma rede enorme de cuidadores em todo o país, e a gerente geral da organização, Ira Moss, tornou-se o próximo elo na cadeia humana de bondade que acabou direcionando Haatchi ao que os envolvidos nos cuidados com animais chamam de casa "para sempre".

A instituição de caridade já havia lidado com vários cães como Haatchi antes, mas Ira estava especialmente preocupada com possíveis devoluções por causa dos dois ferimentos, e com as dificuldades de encontrar um lar para um cão daquela raça, que estava ganhando a triste reputação de perigosa e agressiva.

Os pastores-da-anatólia, que, em parte, descendem dos mastins, também são conhecidos como pastores-turcos de guarda devido à sua capacidade de proteger grandes rebanhos de carneiros de predadores em locais selvagens da região central da Anatólia, na Turquia. Vigilantes e possessivos, os cães dessa raça, que surgiu há cerca de 6 mil anos, têm crânio grande e pelos curtos e grossos para enfrentar tanto o frio quanto o calor extremos. Têm visão e audição aguçadas e são fortes o bastante para derrubar lobos ou até leões-da-montanha, motivo pelo qual às vezes são chamados de "caçadores de leões". Os pastores-da-anatólia adultos chegam a medir quase 1 metro de altura e a pesar até 68 kg, porém, ainda assim, são conhecidos por sua velocidade, sua resistência e seu vigor. Ativos, trabalhadores e muito leais, eles vêm da raça conhecida como "guardiã", o que significa que defenderão o "rebanho" e lutarão contra os predadores até a morte, se for preciso. Infelizmente, às vezes esses predadores podem ser vistos como outros cães ou até seres humanos.

Em 2011, uma mulher que passeava com seu cão em Somerset foi gravemente atacada por três pastores-da--anatólia que tinham fugido de casa. Eles também mataram seu cão. No tribunal, o juiz — que aplicou uma multa de 10 mil libras ao dono dos cachorros — declarou que esse tipo de cachorro "não era adequado para viver na Inglaterra". O ataque chegou às manchetes dos jornais e ameaçou rotular toda a raça como perigosa.

Ira Moss sabia que a maioria dos pastores-da-anatólia resgatados em Londres costumavam vir das regiões de Tottenham e Palmers Green, que têm grandes comunidades de turcos e curdos. Alguns são usados para brigas de cães, mas outros são comprados por motivos patrióticos e acabam se tornando vítimas de negligência ou de ignorância. Embora quando filhotes sejam bonitinhos e peludos, eles crescem depressa e são criados para proteger — mesmo que seja até a morte —, por isso precisam ser socializados desde cedo com outros cães e seres humanos. Assim como todas as raças de grande porte, eles necessitam de espaço amplo, muito exercício e um criador firme e confiante que compreenda não apenas o instinto canino, mas também a natureza vigilante da raça, e que possa treiná--los do modo certo antes que se tornem fortes demais para serem dominados.

Donos inexperientes acham que, porque esses animais costumam viver ao ar livre em sua terra natal, eles podem ficar na rua no Reino Unido, mesmo durante os meses de inverno rigoroso, o que nem sempre é viável. Apesar de sua pelagem grossa ser adequada para os climas extremos, os pastores–da-anatólia que ficam sozinhos em jardins ou quintais costumam latir sem parar, tentam fugir e causam prejuízo, o que logo irrita seus donos apesar de eles próprios quase sempre serem os culpados.

Quando pediram a Ira para encontrar um lar temporário para Haatchi, ela inicialmente entrou em contato com uma das instituições de caridade especializadas em pastores-da-anatólia, mas os registros deles estavam cheios e eles não puderam recebê-lo. Então, ela entrou em contato com uma das cuidadoras regulares da instituição. Lorraine Coyle, passeadora e cuidadora de cães em Hendon, North London, soube que o animal que precisava de sua ajuda havia possivelmente sido amarrado a um trilho de trem e ainda estava se recuperando de uma cirurgia complexa, o que mexeu com seu coração. "Aquele pobre cão deve ter passado por maus bocados", disse ela. "Primeiro, pelo que aconteceu com ele, e então por ter acordado sem uma pata e sem o rabo, e descoberto que, além de tudo, tinha sido castrado pela sociedade protetora. A vida dele mudara completamente."

Lorraine ficou feliz por cuidar de Haatchi até que ele pudesse encontrar um lar permanente. Assim, as preparações foram feitas e um voluntário da All Dogs Matter o levou para sua casa. Ela já havia cuidado de outros animais muitas vezes antes, mas logo entendeu que aquele não seria um caso normal.

Apesar de Haatchi ser "incrivelmente passivo" e se dar muito bem com Bobby, seu boxer de 12 anos, ele ainda estava muito traumatizado. Era jovem e tinha muita energia,

Haatchi & *Little B*

por isso não parava de tentar correr, mas sempre caía e batia os tocos no chão. A perna e o rabo tinham sido fechados com pontos, mas o ferimento da perna ainda estava parcialmente aberto e sua aparência era horrível. "Resumindo, digamos que nunca mais consegui olhar para uma perna de cordeiro desde então", explicou Lorraine.

Haatchi, irritado, ficou apenas uma noite com ela, pois passou o tempo todo esbarrando nas coisas, batendo o corpo contra elas e chorando, até ela não aguentar mais. Depois de passar algumas horas sem dormir, Lorraine se deu conta de que ele não estava feliz e ficou preocupada com a possibilidade de Haatchi não ter qualidade de vida. Também ficou alarmada com seus ferimentos em carne viva, e acreditava que ele precisava de atenção veterinária constante. Então, ligou para a equipe do All Dogs Matter bem cedo na manhã seguinte e disse que Haatchi precisava voltar para o Hospital Harmsworth.

Lorraine sabia que havia o risco de Haatchi ser sacrificado se não conseguisse encontrar um lar adequado, mas por um momento ela também se perguntou se sacrificá-lo não seria a escolha mais sensata. De qualquer modo, ela disse à All Dogs Matter que assim que os ferimentos estivessem totalmente cicatrizados, ela o receberia de novo. Se a outra saída era a eutanásia de Haatchi, então ela certamente estava preparada para tentar de novo.

Como não voltou a ter notícias do triste cachorro de três patas que passara uma noite em sua casa, Lorraine perguntou sobre ele algumas semanas depois e recebeu a resposta de que a instituição de caridade não tinha informações sobre Haatchi. Chateada, ela supôs que o pobre animal devia ter sido sacrificado. "Era a última coisa que eu queria que acontecesse a ele, mas sinceramente não sei o que mais poderia ter feito", disse ela.

Apesar de a Sociedade Protetora dos Animais, a Dogs Trust e outras instituições de caridade para animais fazerem tudo o que podem para resgatar os quase 120 mil cães que são abandonados todos os anos na Grã-Bretanha — ou seja, cerca de 325 por dia —, um número enorme de animais resgatados (incluindo gatos e outros) tem que ser sacrificado por estarem muito feridos, doentes ou simplesmente por não conseguirem lares adequados. Desse número, a Dogs Trust estima que mais de oito mil cães tenham sido sacrificados só em 2012 — o que significa que, a cada hora, mais de um cão é morto por injeção letal, normalmente com grande relutância da equipe.

Todos os anos a Trust realiza uma entrevista com todas as autoridades locais do Reino Unido (que assumiu a responsabilidade pelos cães de rua em 2008, antes tarefa da polícia) para avaliar o problema dos cães de rua. Uma empresa de pesquisa pergunta quantos animais foram capturados por canis ou a eles entregues, e então descobre quantos foram devolvidos a seus donos, ganharam novos lares ou foram sacrificados.

Em 2012 a pesquisa descobriu que 118.932 cães de rua e abandonados tinham sido cuidados por 327 autoridades locais no Reino Unido nos 12 meses anteriores. Apenas 15% desses cães foram levados pela população geral; os demais foram resgatados por autoridades e colocados em um dos poucos abrigos do governo (as centenas de canis da polícia, a maioria localizada nos fundos das delegacias, foram fechadas após legislação de 2008). Quando os canis do governo enchem, os cães são levados a canis comerciais com um custo ao contribuinte, e o tempo começa a ser contado.

A equipe que trabalha em diversos centros de caridade no país recebe o maior número de animais possível, mas o orçamento para essas instituições caiu durante a recessão, e elas também se viram com muitos animais indesejados, conforme seus donos foram largando os que não podiam mais manter. Uma mudança na política de muitas autoridades locais ainda proibiu a permanência de cães em acomodações alugadas — mesmo para inquilinos que já tivessem animais de estimação —, o que aumentou o influxo.

De todos os cães recolhidos pelas autoridades locais em 2012, 47% voltaram para seus donos, 9% foram para lares novos, 24% foram entregues a organizações de cuidados ou a canis e 7% foram sacrificados — 8.903 animais. Os outros foram encontrados mortos ou morrendo, ou foram levados por quem os encontrou.

Embora o número total de cães abandonados descobertos pela Dogs Trust represente um leve declínio em relação ao ano anterior, a pesquisa descobriu que, dos animais relacionados, uma pequena porcentagem (23%) era de raças conhecidas como "cães de status", como Staffordshire bull terriers, rottweilers, akitas ou raças cruzadas de porte maior. Esses cães são vistos como mais robustos, um fator que parece aumentar o status social de seu dono. Usados por jovens e gangues como armas de intimidação em ruas e parques, eles costumam ser incentivados a demonstrar comportamento agressivo e participam de brigas de cães ilegais por dinheiro. Muitos animais sofrem tortura, negligência e violência nas mãos de seus donos, em parte para os tornar ainda mais agressivos. A criação indiscriminada desses cães para conseguir isenção de impostos só aumenta o problema, e as instituições de caridade relatam um aumento preocupante no número de rixas de cães e de fazendas de criação especializadas em raças de "status".

Algumas instituições afirmam estar enfrentando uma "avalanche" de casos de crueldade que ameaça sobrecarregá-las. Ocorrem muitos casos também em países europeus, como algumas das nações do antigo Bloco do Leste, nas quais a cultura em relação ao bem-estar animal costuma não ser tão enfatizada quanto no Reino Unido.

O relatório de 2012 da Sociedade Protetora dos Animais a respeito da crueldade contra animais mostrou que seus 400 inspetores submeteram 2.093 casos e 3.181 pessoas ao Departamento de Processos, resultando em 4.168 condenações nos tribunais. Isso representou um aumento de 34% em relação ao ano anterior e incluiu alguns dos piores casos já vistos.

Diante desse influxo, a maior instituição de caridade de bem-estar animal da Grã-Bretanha mudou sua política em 2010 para não aceitar mais animais que sejam simplesmente "indesejados". Mas a Sociedade Protetora conseguiu encontrar o animal de estimação certo para mais de 55 mil famílias e indivíduos que foram a seus abrigos ou visitaram os sites em 2012.

Esse final feliz ainda não havia acontecido para Haatchi, no entanto, e depois de sua breve experiência na casa de uma cuidadora ele voltou ao Hospital Harmsworth. O futuro de qualquer cão que retorna da casa de um cuidador não é muito promissor, pois os funcionários temem que seja impossível encontrar um lar para o animal, principalmente se houver problemas médicos preexistentes que possam não ser curados, sem seguro e com muitos custos, como era o caso de Haatchi.

A maioria das pessoas concorda que os veterinários e a equipe de enfermeiros que trabalham na Sociedade Protetora realizam um ótimo trabalho com o fluxo enorme de animais abandonados ou maltratados, mas há um limite para o que eles podem fazer, sobretudo a respeito dos tantos novos cães que chegam aos abrigos todos os dias. Instituições de resgate alegam saber de vários casos nos quais os veterinários operaram animais para salvar suas vidas e os mantiveram por muito mais tempo do que deveriam, mas tiveram que colocá-los nas temidas listas de eutanásia algumas semanas depois, porque mais casos graves chegavam e eles não conseguiam cuidar de todos.

Haatchi sobrevivera a um atropelamento, mas teve que encarar a possibilidade de uma morte muito diferente.

Felizmente para Haatchi e outros como ele, há um número grande de voluntários anônimos que fazem o possível para salvar animais marcados para morrer na fila da eutanásia. Conhecidos como "puxadores", esses veterinários, enfermeiros veterinários, voluntários e funcionários de canis fotografam os cães que mais correm risco na esperança de que eles sejam "puxados" do abrigo antes que seja tarde demais. Eles postam as fotos em diversos registros on-line, telefonam para todos que talvez possam ajudar, ou esperam que uma das centenas de instituições de caridade do Reino Unido com uma política contra eutanásia se compadeça do animal condenado.

Michelle Hurley, da All Dogs Matter, ainda tinha fotos de Haatchi em seu celular, e foi ela quem as postou em um site chamado Rescue Helpers Unite. Essa organização sem fins lucrativos, formada por voluntários não remunerados de todo o país, tem uma enorme base de dados de cuidadores, supervisores e transportadores, e ajudou mais de 14 mil animais desde que começou, em 2007.

Pastores-da-anatólia são relativamente raros no mundo do resgate de animais, então eles esperavam que, apesar de seus muitos problemas, Haatchi fosse visto e salvo por um estranho gentil.

Suzanne Syers trabalha em período integral como quiropodista, mas o amor que nutre por pastores-alemães desde a infância fez com que ela inaugurasse a instituição de caridade UK German Shepherd Rescue em 2010. Suzanne é dona de sete pastores resgatados, e vinha realizando trabalho voluntário para outras instituições havia anos quando decidiu aventurar-se sozinha e abrir sua própria instituição. Atualmente, a UKGSR é a segunda maior instituição de caridade no Reino Unido voltada a uma raça específica. Gerenciada de sua casa em Warrington, em Cheshire, a UKGSR, sob o comando de Suzanne e sua equipe, já salvou mais de 500 pastores-alemães desde que foi fundada, e, conforme sua fama aumenta, cada vez mais "puxadores" sabem que, se virem algum pastor-alemão em risco, é com ela que devem entrar em contato.

A UKGSR costuma salvar os animais que precisam com mais urgência. Pela lei britânica, todos os cães de rua que não foram feridos e estão em bom estado de saúde são levados a canis e mantidos lá por sete dias. A partir do oitavo dia, correm o risco de serem sacrificados se não encontrarem um lar, por isso seus detalhes são postados no maior número de fóruns de resgate possível. Cães de status, como o Staffordshire bull terrier e os cruzados sofrem com a pressão das tendências atuais, e suas carinhas lotam os sites, criando o que algumas pessoas já chamaram de "holocausto dos Staffie". E então, há aqueles como Haatchi, que foram resgatados e tratados pela Sociedade Protetora dos Animais e que normalmente têm recebido cuidados há muito mais tempo do que os cães de status indesejados. Quando eles melhoram, seu tempo também começa a ser contado.

Suzanne Syers passa quase todas as manhãs navegando em sites de resgate à procura de pastores-alemães, tentando analisar o nível de desespero da situação de cada um. Em certa manhã de janeiro de 2012, ela estava na frente do computador quando clicou na foto de Haatchi no fórum da Rescue Helpers United. "Olhei para a cara dele e pronto!", relembra ela.

Embora Haatchi não fosse um pastor-alemão, ele era da raça dos pastores, e conquistou Suzanne de um jeito que a persuadiu a intervir para ajudá-lo. Na verdade, ela acha que o teria salvado de qualquer modo. O olhar intenso dele era convincente por si só.

Tudo o que a descrição explicava era que Haatchi tinha sido atropelado por um trem e por isso perdera uma pata. Ela não sabia de mais nada, nem quis saber. Não importa para a UKGSR o que aconteceu no passado de um cão; eles tentam se concentrar apenas em seu futuro. Suzanne sabia que o problema de um cão como Haatchi era que as pessoas olhariam para ele e na mesma hora pensariam "gastos com veterinário". Também teriam medo do custo de sua alimentação. Ela não ficou surpresa por ninguém ter aparecido para adotá-lo.

Suzanne telefonou para o Hospital Harmsworth e conversou com uma enfermeira que afirmou estar preocupada com Haatchi, pois muito tempo já havia se passado e ele poderia ser sacrificado na semana seguinte. Era um domingo, então Suzanne prometeu a ela que eles o pegariam na mesma hora.

Aquele era o dia de sorte de Haatchi. Suzanne Syers era, provavelmente, sua última chance.

Disposta a agir depressa, ela telefonou para a casa da coordenadora do UKGSR London and South East, Tracey Harris, uma arrecadadora de fundos veterana e voluntária da caridade que morava em Berkshire, para ver se ela conseguiria encontrar alguém que fosse buscar Haatchi e levá-lo para um lugar seguro o mais rápido possível. Tracey, que também gerencia uma instituição de caridade chamada A Better Life, que resgata cães da Romênia, fez mais perguntas e soube que, além de ter sido atropelado por um trem,

Haatchi pode ter sido amarrado aos trilhos. Ela ficou chocada, pois simplesmente não conseguia imaginar uma pessoa capaz de fazer isso. No entanto, Tracey sabia que a Sociedade Protetora dos Animais não inventa esse tipo de história.

Ela ligou imediatamente para ver aonde eles poderiam levá-lo. Tracey sabia que a prioridade era tirá-lo do Harmsworth o mais rápido possível. Ela acreditava que a pessoa que postara a foto estava desesperada tentando encontrar uma saída: a Sociedade Protetora havia resgatado Haatchi da linha férrea e lutado para salvar sua vida, por isso a decisão de sacrificá-lo não seria tomada levianamente, mas às vezes eles tinham que fazer escolhas difíceis para poder salvar outros animais.

Enquanto procurava um lar adequado e postava a foto de Haatchi no Facebook, Tracey entrou em contato com uma de suas voluntárias, Nicola Collinson, que mora perto de Stansted, em Essex, e elas combinaram que um de seus recrutas cuidaria de Haatchi até uma casa adequada ser encontrada. Suzanne pediu a Nicola para ir bem depressa ao Hospital Harmsworth, que Nicola já conhecia, pois era o local onde a premiada série de TV da BBC, *Animal Hospital*, que ela adorava, tinha sido filmada.

Foi o primeiro trabalho de Nicola para a UKGSR, e ela não sabia muito bem o que esperar. Quando Tracey disse que ela buscaria um pastor-da-anatólia, Nicola não fazia ideia do que exatamente se tratava, nem do tamanho. Ela era dona de um pastor-alemão de 6 meses, chamado Vinnie, por isso supôs que o cachorro resgatado teria um tamanho parecido.

Nicola abriu mão de seu domingo, entrou em seu Volkswagen Golf e dirigiu até Holloway o mais rápido possível. Ao chegar lá descobriu que o hospital ficava em um bairro perigoso e não parecia nem um pouco amigável, visto de fora. Achou parecido com Fort Knox, com muitos seguranças por todos os lados; certamente, era bem diferente de como ela vira na TV.

Todas as portas estavam trancadas, por isso ela tocou a campainha e torceu pelo melhor. Percebeu que não estava com nenhum documento e temeu que os funcionários não permitissem que ela levasse o animal. Felizmente, a mulher que a recebeu parecia estar à sua espera.

Nicola foi levada a uma sala de espera, e ainda tentava adivinhar o que veria quando uma porta se abriu e um cão enorme sem uma perna e com só um pedaço da cauda entrou. Ao olhar para a carinha dele, Nicola decidiu que se eles não conseguissem encontrar uma casa para Haatchi, ela mesma ficaria com ele.

"Ele mancou até mim nas três pernas, todo desajeitado, e repousou sua cabeça enorme no meu colo", ela relembra. "Então, ele olhou para mim com aqueles grandes olhos castanhos e amarelados, e eu derreti. Ri e disse a ele: 'Minha nossa, você é enorme! Como você vai caber no meu carro?'"

A funcionária que havia recebido Nicola a ajudou a colocar o cão dentro do Golf, e Haatchi se comportou muito bem. Sentou-se na cama macia da parte de trás e ficou olhando pela janela, como se aquilo fosse a coisa mais natural do mundo.

Nicola conferiu as mensagens em seu celular e viu que havia uma de Tracey Harris pedindo para que ela levas-

Haatchi & *Little B*

se Haatchi à parada South Mimms, na estrada M25, em Hertfordshire. Ela havia encontrado alguém para cuidar dele, e Nicola tinha que levá-lo a um canto do estacionamento e esperar por um Land Rover. Depois de se apaixonar pelo ursão no banco de trás de seu carro, parte dela ficou um pouco decepcionada.

Ross McCarthy e James Hearle são donos de uma empresa chamada Dogs and Kisses, em Oxfordshire. James tem formação em agricultura e trabalhava com o bem-estar de animais antes de abrir seu abrigo/hotel de primeira linha para cães; seu parceiro, Ross, é um respeitado behaviorista de animais, e ambos são especialistas em comportamento de cães e gatos. Eles tinham visto a foto de Haatchi como um caso emergencial no Facebook e imediatamente se ofereceram para cuidar dele. Eles já eram donos de 11 cães, incluindo vários dogues alemães, e Tracey sabia que, com a experiência e o histórico que tinham, Ross e James seriam ideais para um cão tido como "problema".

Quando receberam o sinal verde, Ross e James também largaram o que estavam fazendo e correram para a parada na estrada para ver Haatchi pela primeira vez.

Enquanto isso, Nicola dirigia ao encontro deles vindo da direção oposta. Ela conversou com Haatchi durante todo o trajeto por Londres, esperando que isso ajudasse a acalmá-lo. Quando chegaram à parada South Mimms, ela pensou que seria uma boa ideia deixar o cão se aliviar, então abriu a porta de trás e o ajudou a sair.

Foi quando ela se deu conta de que não conseguiria colocá-lo dentro do carro de novo sozinha. Assim, os dois ficaram juntos ao lado do carro, e ela continuou falando. Haatchi cheirava o chão e às vezes inclinava a cabeça para Nicola, como se estivesse ouvindo tudo o que ela dizia.

Finalmente, o Land Rover chegou, parou ao lado deles, e Ross e James desceram do carro. Os três começaram a rir, pois pareciam traficantes realizando uma "operação ilegal" no canto de um estacionamento. Os dois homens gostaram de Haatchi na hora, comentando que ele era um "urso adorável". E todos ficaram encantados quando Haatchi, sem nenhum descontrole nem medo, mancou até os homens e permitiu que os dois o colocassem na traseira do veículo. Ross ficou surpreso ao ver como ele era calmo e tranquilo. Era como se Haatchi soubesse que eles o estavam resgatando.

Menos de 24 horas depois de sua cara aparecer nas telas de computadores por todo o Reino Unido e Suzanne Syers se deparar com a imagem, Haatchi estava em segurança.

"Haatchi tem uma coisa que é difícil de explicar", Suzanne afirmou mais tarde. "Ele é incrivelmente especial e certamente já esteve nesta vida antes. Ele tem um ar todo próprio, e enfrenta tudo com a calma de seu passo de três pernas. Nada o perturba. É como se ele soubesse que está na Terra para uma missão e está decidido a seguir em frente e fazer o seu dever da melhor maneira."

Ninguém, nem mesmo Haatchi, poderia ter previsto a importância do trabalho que viria a seguir, principalmente para um garotinho.

Para os dois, uma vida nova em folha estava prestes a começar.

2

"Um herói é um indivíduo qualquer que encontra forças para perseverar e seguir em frente apesar dos enormes obstáculos."
Christopher Reeve

OWEN HOWKINS ERA um menininho engraçado, esperto e corajoso — embora poucas pessoas além de sua família percebessem isso.

Um dos motivos pelos quais sua natureza doce raramente era notada pelos outros era porque o menino de 6 anos com uma doença muscular rara se encolhia fisicamente sempre que saía de casa em sua cadeira de rodas.

"As pessoas ficam olhando para mim!", ele reclamava para sua família grande e amorosa, que sempre o protegeu e incentivou. Quando Owen dizia coisas assim, ele partia o coração de todos.

Owen nasceu no dia 25 de agosto de 2005 em um hospital em Dundee. Seus pais, Will e Kim, eram das forças armadas e viviam na base Leuchars da Real Força Aérea (RAF), perto da cidade. Os dois se conheceram em um treinamento em outubro de 2002, quando Kim tinha 19 anos e Will, 24, e se casaram perto da casa dos pais dela em Devon, em um dia frio de janeiro, dois anos depois, num evento que os fez muito felizes.

Will, piloto sênior com especialização em propulsão, já havia servido em Kosovo e na Croácia quando os dois se conheceram, e seria mandado ao Iraque pela primeira vez. Kim, piloto e técnica de armas, logo seguiria caminho semelhante. Apesar da vida atribulada e às vezes perigosa, a notícia da chegada de Owen foi motivo de grande comemoração — ele seria o primeiro neto dos pais de Will e dos de Kim, que viviam no sul da Inglaterra. Kim, assim que descobriu que estava grávida, fez planos com o marido para voltar à sua cidade natal, para que eles contassem com a ajuda extra de ambas as famílias. Ela e Will queriam muito um filho, mas sabiam que precisariam de ajuda, visto que os empregos dos dois exigiam viagens para o exterior que podiam durar meses, algumas vezes.

O nascimento de Owen foi normal e, pelo que todos sabiam, ele era um bebê perfeito. A única coisa que Kim estranhou foi que a ponta de uma de suas orelhas era um pouco dobrada, um detalhe que a maioria das pessoas nem sequer notaria. (Mais tarde o casal descobriu que essa era uma característica da síndrome com que ele acabaria sendo diagnosticado.)

Will se entregou à paternidade logo de cara, com total dedicação. Kim diz que desde o começo seu marido foi um ótimo pai, e o descreve como um "homem muito moderno", de quem ela não tinha nada a reclamar. Kim teve depressão pós-parto, e Will imediatamente passou a ajudar, levantando-se na maioria das noites para alimentar o filho e trocar sua fralda. E quando Owen completou 4 meses e ela voltou a trabalhar, eles passaram a dividir os cuidados com o bebê quando ele não estava na creche. Cerca de seis meses depois do nascimento de Owen, Will e Kim foram mandados para a base Odiham da RAF, em Hampshire.

Os novos pais se viraram bem no começo, em grande parte porque o bebê dormia dez horas direto todas as noites, e ainda tirava alguns cochilos durante o dia. Os dois acreditavam que haviam tido sorte. Com a ajuda de Sara e Hugh Knott, os pais de Kim, e de Bill e Joan Howkins, os de Will, eles formaram uma família muito unida e coesa.

As primeiras fotos de Owen mostram um bebê feliz e gordinho. Sua pediatra garantia aos pais que ele era totalmente normal, mas, conforme os meses foram passando, eles começaram a se perguntar se Owen estava se desenvolvendo como deveria para sua idade. Ele ficava gripado com muita frequência e era uma criança quente e que suava muito. Em pouco tempo começou a tossir muito e a passar mal à noite. Eles tentaram não se preocupar.

Em 2006, Will foi mandado ao Iraque, enquanto Kim ficou em casa para lidar com os estresses da maternidade e de seu exigente trabalho como armeira. Felizmente, ela, Will e Owen sempre estiveram cercados pela ajuda fiel das famílias e dos amigos, e Kim contava com a ajuda deles sempre que estava trabalhando.

No entanto, quando Owen completou 18 meses, ficou claro que ele não estava se desenvolvendo em completa normalidade. Os dois casais de avós começaram a perceber que ele parecia levar mais tempo que o comum para fazer as coisas e que engatinhava "como uma tartaruga", pois demonstrava muita dificuldade. Sua prima Molly era um ano mais nova, mas era Owen quem parecia um bebê quando eles estavam lado a lado. Amigos e familiares começaram a se preocupar, e não foram os únicos.

Will e Kim haviam notado que o filho não vinha engatinhando direito, que se arrastava. Ele também estava perdendo bem depressa a gordurinha típica do corpo de um bebê, e não fazia suas necessidades com uma frequência normal. Eles o levaram ao médico, que o examinou e, ao sentir os músculos tensos de sua barriga, pensou que Owen estivesse com prisão de ventre. Ele prescreveu um remédio, mas isso não resolveu, e Owen continuou perdendo peso.

Em março de 2007, Kim foi mandada ao Qatar por quatro meses e Will ficou em casa sozinho cuidando do filho, e também trabalhando em período integral. Não foi uma época fácil.

Os pais de Will passaram um fim de semana com Owen para que seu filho descansasse, mas, quando ele foi buscá-lo, os dois pediram que ele se sentasse para ouvir o que eles tinham a dizer. Embora não quisessem ser vistos como avós intrometidos, ainda assim disseram a Will o que pensavam: que ele deveria levar o filho a uma consulta com um especialista. Depois de passarem alguns dias com Owen, ficaram assustados de ver como ele engatinhava devagar, e também perceberam que seus movimentos eram tensos e robóticos. Owen parecia não conseguir dobrar os joelhos.

Bill Howkins, um comandante aposentado do corpo de bombeiros que trabalhava como consultor de segurança anti-incêndios, achou muito difícil abordar o assunto. Owen chamava Bill de vovô "Nee-Nah" por causa do barulho que o caminhão de bombeiros faz, e Bill adorava o menino. Ele e a esposa, Joan, formada em enfermagem, não queriam ser precipitados, mas desde o começo, praticamente, eles sentiam um crescente receio de que poderia haver algo de muito errado com o neto. Na cabeça deles, podia ser qualquer coisa, desde autismo a leucemia, e Joan também acreditava que ele talvez fosse parcialmente cego. Não sabiam se o problema era físico ou mental, pois Owen se aborrecia exageradamente quando eles erravam a letra de alguma cantiga ou quando tiravam seus brinquedos do alinhamento perfeito no qual ele os havia disposto. Owen não era um bebê alegre e saudável, mas sim fraco, pálido, e acometido por uma tosse forte que não passava. Eles foram os primeiros a admitir que Will era um pai "nato" e não o criticavam de modo algum, mas também achavam que estava na hora de agir e enfatizaram que só queriam ajudar.

Na mesma época, os pais de Kim também expressaram suas preocupações. Eles tinham acabado de retornar de duas semanas de férias em Portugal com Owen. Durante a viagem, perceberam que o menino chorava muito e estava sempre suando. Ao lhe dar banho, Sara viu que seus músculos eram estranhamente bem definidos — com bíceps protuberantes e um abdome que ela descreveu como "parecido com o de um fisiculturista". Aquilo não era normal, e ela sabia que ele também já deveria estar andando. Fizeram tudo o que podiam para incentivar Owen a dar seus primeiros passos, na esperança de que ele pudesse surpreender Will e Kim quando eles o recebessem no aeroporto, mas o menino não era capaz.

As opiniões de seus pais e dos sogros importavam muito para Will; ele sempre afirmara que qualquer conselho que eles tivessem a respeito da criação de filhos seria pelo menos ouvido por ele e Kim. Mas apesar de, secretamente, ele mesmo começar a ter preocupações em relação ao desenvolvimento tardio do filho, Will não estava preparado para o que eles estavam sugerindo, e os temores deles o aborreceram. "Ele era nosso primeiro e único filho, então, para mim e para Kim, Owen ainda era perfeito", ele disse. "Acho que nós dois estávamos em negação."

Will pensou por uma semana no que os pais tinham lhe dito. Tentou se acalmar afirmando que não havia nada de errado, mas no fundo ele notava, cada vez mais, coisas que Owen não conseguia fazer, e começou a temer o resultado. O problema mais aparente era que Owen não conseguia andar sem ajuda; ele usava seus tacos de golfe de plástico como suporte. Will os tirou dele numa tentativa de fazer com que o menino caminhasse normalmente, mas Owen não conseguia.

Kim ainda estava trabalhando do outro lado do mundo quando Will pediu à pediatra da criança para que a examinasse de novo. Ela fez uma série de testes em Owen

Haatchi & *Little B*

que podia ser comparada com um gráfico de crescimento, mas, por fim, pediu que ele fosse levado ao Hospital de Basingstoke e North Hampshire.

Kim podia fazer apenas um telefonema por semana para casa, com duração de vinte minutos, por isso, na ligação seguinte, Will usou o pouco tempo que eles tinham para tentar explicar o que estava acontecendo. Ela estava tão aflita quanto ele; de muitas formas, a situação era ainda pior para ela, devido à distância. Kim só admitiu a Will tempos depois, mas já havia começado a suspeitar que Owen talvez fosse autista. Ela já notara que ele era muito metódico em relação aos menores detalhes, e que gostava de colocar tudo alinhado, até mesmo as uvas, antes de comê-las. Ele também tinha grande agilidade mental e era bom com quebra-cabeças e testes.

Conforme as semanas e os meses foram passando, o corpo de Owen começou a tensionar, e seu rosto se franziu a ponto de chamar a atenção das pessoas na rua. Sua família vestia uma camiseta nele sempre que o levava para a piscina, para que ninguém notasse como o seu corpo era diferente do das outras crianças. Sua voz era mais estridente do que o normal também, e ficava cada vez mais claro que havia algo de errado.

Seus médicos agendaram uma bateria de exames urgentes para tentar descobrir qual era o problema. De início mencionaram a possibilidade de ser a doença de Thomsen, ou miotonia congênita, que provoca uma reação exagerada dos músculos, fazendo com que eles não consigam relaxar sempre que se contraem, resultando no tipo de tensão que eles viam em Owen. Em muitos casos assim, aquecer os músculos ajuda a diminuir os espasmos causados pela doença, e os pacientes em geral não precisam de mais nenhum tipo de tratamento; mas isso não surtiu efeito em Owen. Abalada, a equipe médica indicou para a família que o levasse ao Wessex Clinical Genetics Service, no Hospital Geral de Southampton, que trabalha com geneticistas da Universidade de Southampton.

Com Kim ainda longe e "morrendo de preocupação", Bill e Joan Howkins acompanharam o filho e o neto na primeira consulta médica para lhes dar apoio moral. Eles perceberam que havia algo terrivelmente errado assim que entraram na sala e se depararam com seis médicos. Sabiam que isso não era comum no hospital, e ver todos aqueles especialistas de expressão séria esperando por eles só aumentou ainda mais sua ansiedade.

O Dr. Neil Thomas, diretor do departamento, escreveu em um pedaço de papel o que ele acreditava que Owen tinha. As palavras que ele escreveu foram "síndrome de Schwartz-Jampel". Foi a primeira vez que a família ouviu esse nome.

O Dr. Thomas já atendeu mais de 5 mil pacientes em sua carreira como consultor de neurologia pediátrica especializado em doenças neuromusculares, mas nem ele nem seus colegas jamais tinham visto um caso de síndrome de Schwartz-Jampel. A doença foi identificada em 1962, e os médicos acreditavam que o caso de Owen era o primeiro desse tipo no Reino Unido; o médico informou aos familiares de Owen que menos de cem casos já tinham sido relatados em todo o mundo, até então.

Ele explicou que o bebê demonstrava sinais do que se conhece como doença miotônica, que não permite que os músculos relaxem depois de contraídos. Era mais ou menos como alguém apertar sua mão e não conseguir soltá--la. Devido à contração contínua, os músculos se tornam cada vez mais tensos e duros, colocando pressão constante no esqueleto. Essa pressão acaba impedindo os ossos de crescerem naturalmente e gera características distintas da síndrome, incluindo a estatura reduzida e o "peito de pombo", que pode interferir no movimento vertical da caixa torácica na respiração. As pessoas afetadas também ficam com uma expressão específica conforme seus músculos faciais se contraem, franzindo seus traços, fechando seus olhos e contraindo seus lábios. A orelha dobrada também pode ser um dos primeiros sinais. Muitos têm a visão afetada, necessidades dentárias especiais e uma voz mais aguda do que o normal.

A família ficou sabendo que havia dois tipos principais da síndrome, dos quais o 1B é muito pior e costuma já se manifestar no nascimento. Nesses casos, os pacientes vivem apenas até meados da adolescência. O Dr. Thomas explicou que, como Owen não mostrara sintomas antes dos 18 meses de vida, certamente tinha o tipo 1A, o que significava que ele provavelmente conseguiria ter uma vida mais ou menos plena.

A dificuldade é que a síndrome afeta as pessoas de maneiras diferentes, por isso não há um modelo ou caso clássico no qual os novos pacientes possam se encaixar. Assim como aconteceu com outros indivíduos com a síndrome, foi descoberta em Owen uma mutação no gene conhecido como "perlecan", mas cada caso depende de onde a mutação ocorre no gene e o que ela faz com ele.

No momento, há cerca de trinta pessoas no mundo — em lugares completamente distintos, como Nepal, Arábia Saudita, Estados Unidos e Europa — que vivem com a síndrome de Schwartz-Jampel, a maioria das quais só foi diagnosticada formalmente na adolescência ou na fase adulta. Quase todas têm que tomar relaxantes musculares potentes apenas para o corpo ser capaz de funcionar minimamente.

A notícia de que Owen tinha essa rara síndrome foi tão chocante para Will e seus pais que eles mal conseguiram assimilar. Ouvir o que os médicos lhes disseram foi muito difícil e extremamente emocional. Houve muito mais perguntas do que respostas nessa reunião. Em primeiro lugar, a família queria saber como a síndrome poderia afetar Owen e qual era o provável prognóstico a longo prazo.

Os médicos disseram que era quase certo que ele precisaria de fisioterapia frequente para ajudar a diminuir a pressão que seus músculos contraídos exerciam sobre o esqueleto. Talvez ele também tivesse que usar aparelhos nas pernas para esticar os músculos, e ainda poderia enfrentar várias cirurgias ao longo da vida. Havia chance, quando Owen envelhecesse, de ele ter que viver confinado a uma cadeira de rodas.

Mais exames tinham que ser realizados antes de o diagnóstico ser oficialmente confirmado. Owen, então, passou por outra bateria de exames: de sangue, de raios-X, com eletrodos e de ultrassom. Uma consulta com o Dr. Thomas foi marcada para o mês seguinte.

A família toda ficou arrasada com a notícia recebida naquele dia. As implicações da grave doença do pequeno Owen eram aterrorizantes. Kim continuava no Qatar, e todos tentaram muito apoiá-la de longe. Nos primeiros dias após o diagnóstico do filho, ela ficou tão triste que não conseguiu falar com ninguém. Mais tarde Will descreveu como aquela fase foi difícil. "Kim se encontrava do outro lado do mundo, com saudades de Owen e de mim, então estava numa situação nada boa. Foi quando ela pesquisou sobre a síndrome no Google, provavelmente a pior coisa que ela poderia ter feito, porque viu que a expectativa de vida costuma ser de apenas 12 anos. Isso a deixou totalmente em pânico. Kim se sentia muito impotente por estar longe e chorava ao telefone, convencida de que Owen teria uma vida curta. A RAF foi incrível e deu a ela mais cartões telefônicos para que pudéssemos falar sobre o assunto por mais tempo, mas não havia nada que nenhum de nós pudesse fazer além de esperar."

Kim voltou para casa numa folga de repouso, e quis, junto com Will, conversar com o Dr. Thomas. Assim, Will telefonou para o consultório dele e se ofereceu para pagar uma consulta particular para conversarem. O médico largou tudo e os recebeu no dia seguinte. Disse a eles que havia 99% de certeza de que Owen tinha a síndrome de Schwartz-Jampel, e confirmou que não havia cura conhecida. Tudo o que ele e sua equipe podiam fazer era prescrever remédios que reduzissem a rigidez muscular de Owen. Ele explicou que a síndrome só ocorre quando cromossomos defeituosos dos dois pais se combinam. Embora não houvesse nenhum problema grave de saúde na família, todo mundo tem alguns genes defeituosos, e no caso de Will e Kim tratava-se do décimo cromossomo. Duas pessoas terem os mesmos genes defeituosos é extremamente raro. "Não sabíamos disso quando decidimos ter um filho, mas foi como o *Titanic* e o iceberg se encontrando", comentou Will. "A chance de duas pessoas com exatamente o mesmo gene defeituoso se conectarem era de uma em dois bilhões, e a de termos um filho com a síndrome era algo como uma em quatro bilhões."

O Dr. Thomas informou a Will e a Kim que existia uma maneira de saber com certeza se Owen tinha a síndrome de Schwartz-Jampel: cortando um pedacinho de sua pele, do tamanho de um grão de arroz, e o enviando a laboratórios especializados na França. Lá, as amostras de sangue deles seriam comparadas com a amostra do sangue de Owen e analisadas para obter um resultado definitivo. O procedimento todo poderia demorar até seis meses.

Will estava longe de casa, em um treinamento, quando Kim foi com Owen, seus pais e sua irmã Katie colher a amostra de pele e fazer alguns exames de nervos com eletrodos. A experiência foi, segundo eles, "horrorosa". Owen costumava dizer que seu melhor amigo era o vovô Hugh (conhecido como o vovô "Uó-Uó" por causa de seu trabalho como policial), mas ele não foi seu melhor amigo naquele dia. Hugh Knott, que já tinha sido membro da Marinha Real, teve que segurar Owen para mantê-lo imóvel enquanto ele gritava. Kim ficou tão estressada que quase passou mal, e teve que sair da sala.

A possibilidade de ter que encarar uma existência toda vivendo com uma síndrome rara afetou os pais de Owen de maneiras muito diferentes. Os dois ficaram arrasados por pensar que não havia tratamento para curar o problema do filho e que ele enfrentaria anos de dor. Kim voltou para o Qatar, mas Will, que ficou em casa com Owen e foi a quase todas as consultas médicas a partir de então, teve mais tempo para se acostumar com a ideia. Porém, frustrado por ter que esperar pelos resultados clínicos que viriam da França, e depois de realizar uma pesquisa na internet, ele agendou uma consulta no Hospital Pediátrico de Great Ormond Street para obter uma segunda opinião. Os pais de Kim e tia Laura foram juntos para dar apoio moral.

Como muitas pessoas, Will acreditava que o Hospital de Great Ormond Street era o melhor do mundo para crianças doentes, então queria desesperadamente o conselho dos médicos de lá. A família esperou horas enquanto Owen fazia uma série de exames e, por fim, os médicos perguntaram a Will a respeito do tratamento que Owen já havia recebido. Quando contou que seu filho vinha sendo monitorado pelo Dr. Thomas, do Hospital de Southampton, eles perguntaram: "O que você está fazendo aqui? Ele é o melhor do país!" Will teve que voltar a Southampton com o rabo entre as pernas, mas é claro que o Dr. Thomas compreendeu que ele era apenas um pai tentando fazer o melhor por seu filho pequeno.

Quando Kim voltou para casa do serviço militar, ela e Will compraram para o filho um andador e tentaram o incentivar a usá-lo decorando-o com a mesma cor verde de seu personagem de desenhos preferido, o Ben 10. Colocaram luzes e adesivos no andador, mas ainda assim Owen parecia extremamente relutante em usá-lo ou em tentar andar sozinho.

Kim e Will trocaram de papéis quando ele foi mandado para o Iraque por três meses. Assim, foi Kim quem levou Owen de volta ao Hospital de Southampton para os exames finais. "Quando eles disseram que o diagnóstico estava confirmado, eu desabei", disse Kim. "Parecia tão cruel. Eu me lembro de ter chorado e dito à minha mãe que Owen nunca pularia em poças nem teria um domingo de família normal conosco, com um assado no almoço seguido por uma tarde de futebol no jardim com o pai."

Will se sentia da mesma maneira. "Você quer ver seu filho correndo no parque. Quer jogar bola com ele. Na época, pesou muito na minha cabeça saber que isso nunca aconteceria."

Muito abalada, Kim entrou em depressão e passou a se consultar com uma psicoterapeuta ocupacional no trabalho. Ela recomendou que Will também conversasse com alguém quando voltasse do Iraque. Mais tarde ele disse que no começo só aceitou ir porque queria ter certeza de que não estava enlouquecendo, mas na verdade a terapeuta o ajudou a perceber que os seus sentimentos eram normais. Will não estava deprimido, e sim passando por "um enorme ajuste a uma mudança de estilo de vida". Ela também ajudou Will a enxergar o lado positivo: existiam dois tipos da síndrome, e Owen tinha o menos grave deles.

Quando seu tempo no Iraque terminou, Will tentou se concentrar nas coisas positivas, o que nem sempre era fácil, porque Owen começou a cair muito. Sua mobilidade era ruim, o equilíbrio, precário, e seus músculos começavam a ficar cada vez mais tensos. Como nunca relaxavam, era quase impossível para Owen esticar um braço para se proteger, por isso ele costumava se ferir sempre que caía. Kim estava com Owen em um restaurante quando ele escorregou de um banco e abriu um corte na cabeça, espalhando sangue por todos os lados. Foi preciso chamar a ambulância. Algo parecido aconteceu na creche, quando ele ficou com o olho roxo porque o springer spaniel de seus avós acidentalmente fez com que ele tropeçasse. "Quando ele cai é como um tronco de árvore, porque Owen não consegue se curvar, apesar de meu pai mostrar como ele deve fazer o rolamento dos militares!", disse Kim. Todos tinham que estar em alerta constante. A vontade de Kim era proteger Owen o tempo todo, mas ela e o restante da família tentavam evitar isso, ainda que se sentissem péssimos. "As pessoas sempre me dizem 'Poderia ser pior', e eu lhes digo: 'Sim, mas poderia ser bem melhor também!' Não é fácil ter um filho com necessidades especiais."

Alguns dos problemas de Owen ocorrem como resultado direto de seu diagnóstico. Por causa da raridade da síndrome, não existe tratamento específico para seus muitos efeitos. Medicamentos anticonvulsivos usados para epilepsia e outros problemas são as únicas drogas que podem ser prescritas.

Quando a síndrome foi confirmada, Owen conseguia subir e descer escadas e dirigir seu carrinho do lado de fora da casa. Isso mudou depois que ele começou a tomar um relaxante muscular potente. Will descobriu mais tarde que alguns dos efeitos colaterais desse remédio incluíam tontura, prisão de ventre e danos à visão. A droga também pode afetar o equilíbrio.

"Owen vinha sentindo dor, chorava, resmungava e se mantinha rígido", explicou Will. "O remédio ajudou a reduzir essa dor, então não tivemos escolha a não ser manter a medicação, embora eu suspeitasse que a droga estava fazendo mal a Owen. Estávamos entre a cruz e a espada."

Owen fazia com frequência fisioterapia e terapia ocupacional (que eram parcialmente custeadas pelo governo), e seu andador o ajudava a se movimentar. Naquela época, era preciso subir uma ladeira para ir à creche. Na volta para casa, Owen erguia as pernas e descia a ladeira com o carrinho. Então, seus pais compraram para ele um banquinho dobrável com roldanas, o que facilitou as coisas para ele em casa; mas, na creche, Owen tentava acompanhar as outras crianças percorrendo o parquinho na ponta dos pés em seu andador. Will acredita que a combinação de seu remédio com o fato de ele andar na ponta dos pés afetou seu equilíbrio e deixou mais curtos os músculos de suas panturrilhas. Owen, então, teve que usar aparelhos nos pés e nas pernas à noite para tentar esticá-los. Foi um desenvolvimento novo nada bem-vindo.

Os cuidados com Owen em período integral e o fato de passarem meses separados acabou desgastando o casamento de Will e Kim, e os dois buscaram fazer terapia de casal. "Nós dois reconhecíamos que havia problemas e tentamos resolvê-los", afirmou Will. "Não somos pessoas que desistem fácil, e eu tive uma educação cristã forte que sempre me ensinou a me esforçar para manter o casamento."

Em 2008, Kim foi enviada para o Afeganistão, enquanto Will ficou em casa para cuidar do filho. Ele trabalhava durante o dia, enquanto Owen recebia cuidados na creche ou na casa de parentes. O casal tinha muitas preocupações e as coisas não estavam boas entre eles. Os dois haviam se afastado. Não havia mais ninguém envolvido, e nenhum dos dois pensava que acabariam se divorciando, mas após várias conversas demoradas ao telefone eles acabaram concordando que essa seria a melhor decisão. Apesar de a decisão ter sido arrasadora para os dois, a maior prioridade passou a ser o que era melhor para Owen.

O maior choque para Will foi pensar que não estaria mais ao lado do filho o tempo todo. Desde o começo, ele era a pessoa que se levantava à noite para alimentar o menino. Will deixara Kim se recuperar do parto e depois da depressão, e mesmo quando ela melhorou e voltou a trabalhar ele continuou alimentando e cuidando do filho. "Kim é uma mãe fantástica e nunca tinha passado pela minha cabeça que eu ficaria com a guarda de Owen, porque as mães quase sempre ficam com os filhos após o divórcio", contou ele. "Mas conversei com um advogado que me disse que não era sempre assim, principalmente no meu caso, porque eu sempre passei mais tempo com Owen. Ele me aconselhou a não sair de casa, mas passar a dormir em um quarto separado e, se necessário, deixar um juiz decidir."

Quando Kim voltou do Afeganistão, pouco antes do Natal de 2008, e Will lhe disse acreditar ter tanto direito a ficar com Owen quanto ela, a notícia a atingiu, segundo ela, "como um caminhão". Kim havia pensado que Will simplesmente sairia da casa, pertencente à RAF, que os dois dividiam, e pronto. Atordoada com o que ele disse, ela ficou acordada a noite toda chorando. Na manhã seguinte, exausta e incapaz de permanecer sob o mesmo teto que seu ex-marido, Kim fez as malas e foi embora.

Os dois sabiam que tirar Owen da própria casa não era uma opção.

Kim explicou: "Eu perdi um pouco o controle quando nos separamos. Foi muito chocante para mim porque pensei que, por ser mãe de Owen, a guarda dele seria minha. Ao mesmo tempo, sabia que Will era um pai excelente — sob muitos aspectos, melhor do que eu." Ela não sabia como direcionar as coisas para o melhor caminho, nem como aguentaria ser uma mãe solteira de 26 anos com um filho com necessidades especiais, trabalhando em período integral. Apesar de seus pais e de sua irmã, Katie, participarem muito da vida de Owen e de sempre terem ajudado a cuidar dele, ela sabia que suas responsabilidades seriam enormes. Assim, fez muitas sessões de terapia, acabou sendo promovida e recebeu uma proposta para trabalhar em Oxford.

Foi quando Kim decidiu fazer a escolha que seria melhor para Owen. "Eu não estava fugindo. Ia morar a 50 km de distância e poderia vê-lo sempre, mas, para outras pessoas, pareceu que eu ia sumir. Foi a decisão mais difícil que já tomei na vida e sempre senti que todos me julgaram por isso, mas naquele momento eu sabia que seria melhor me afastar e deixar Will cuidar de nosso filho."

Will e sua família só têm elogios para Kim. "Ela fez o maior sacrifício que uma mãe pode fazer", afirmou Will. "Kim ama Owen e continua tendo um papel fundamental na vida dele, assim como toda a sua família, mas ela reconheceu que seria melhor para nosso filho que ele ficasse comigo."

Kim e Will até mesmo resolveram o divórcio sozinhos, por meio de uma organização de autoajuda para economizar tempo e dinheiro e evitar estresse. Em fevereiro de 2009, Kim assinou tudo e deixou para Will a guarda de Owen.

Embora Will tivesse conseguido o que queria, a ficha demorou a cair. Quando aconteceu, toda a perspectiva era muito assustadora. Ele vinha esperando uma promoção no trabalho e estava sendo considerado para o que chamou de seu "emprego dos sonhos", mas após semanas de sofrimento, Will abriu mão de tudo, deixando de lado a possibilidade de progredir em sua carreira para poder ser o melhor pai que conseguisse para Owen. Ele admite que houve um momento em que pensou "Caramba... No que fui me meter?", e quando visitou seu oficial de contratação para informar sobre sua escolha, a resposta dele foi: "Deixe sua ex-esposa ficar com ele!" O oficial sênior disse a Will que ele estava tomando uma decisão burra, mas por fim admitiu que conseguia entender seus motivos.

Para complicar tudo ainda mais — e enquanto o divórcio estava sendo finalizado —, Will foi mandado ao Afeganistão por quatro meses, e Kim soube que em breve seria enviada ao Quênia por dois meses. De qualquer maneira, ela se ofereceu para voltar à casa e cuidar de Owen enquanto Will estivesse fora — com a ajuda dos quatro avós —, até que ela viajasse e ele voltasse. A irmã dela, Katie, também ajudou e, na mesma época, seus pais se mudaram de sua casa de três andares em Devonshire para um bangalô com uma rampa, para que Owen pudesse ficar com eles também. Eles e Kim começaram a organizar eventos de caridade, incluindo uma meia maratona, uma feira de salgadinhos, rifas e a venda de cupcakes para conseguir dinheiro para uma nova cadeira de rodas Zippie, que custava 8.500 libras, para Owen usar enquanto estivesse com eles. A Marinha por si só conseguiu arrecadar 400 libras pedindo dinheiro nas ruas e em seus eventos.

Will e Kim sempre serão gratos pelo modo como seus amigos e familiares se esforçaram para ajudar, como sempre fizeram. Apesar do que tinha acontecido entre o casal anteriormente, a principal preocupação de todos era Owen.

Prestes a se tornar cabo, Will Howkins soube que o fórum emitira sua sentença de divórcio enquanto esperava o voo para a base da RAF Brize Norton, em Oxfordshire. Com preocupações maiores em mente, Will informou a seu advogado que a papelada teria que esperar.

Ao sair do Reino Unido para servir à rainha e ao país, dentro do avião de transporte Hercules C-130, Will pensou no que o futuro reservava para ele e seu filho. Só podia esperar pelo melhor.

Nunca teria imaginado o que viveria.

3

"O amor é como uma borboleta. Quanto mais você correr atrás dele, mais ele fugirá. Mas se você voltar a atenção para outras coisas, ele virá e pousará suavemente em seu ombro."
Autor desconhecido

Colleen Drummond é a primeira a admitir que não é muito habituada à tecnologia. Assim, quando suas amigas bem-intencionadas postaram suas informações e sua fotografia em um site de namoro no verão de 2009, sabiam que Colleen não saberia sequer apagar o perfil.

Nunca tinha ocorrido à neozelandesa de 38 anos se cadastrar em sites de namoro — a ideia parecia aterrorizante. Colleen tinha a impressão de que sites assim eram apenas para pessoas desesperadas, e tinha certeza de que seria vítima de um golpe ou atrairia um psicopata. Suas amigas insistiam que era a mesma coisa que conhecer alguém em um bar, mas ela raramente bebe e não costuma frequentar bares.

As amigas, que sempre diziam que Colleen estava solteira havia tempo demais, a convenceram a deixar que elas criassem um perfil para ela em um site de namoro, e postaram uma foto dela com uma pastora-belga de cara brava. A cadela foi ideia da própria Colleen. "O nome dela era Alpha, e era linda", Colleen explicou, "mas também tinha uma cara que parecia dizer: 'Eu te mato se você machucar minha mãe.'"

Um dia depois de seu perfil ser divulgado, Colleen checou sua página e descobriu uma carinha sorridente, o que indicava que alguém tinha gostado de sua foto e queria entrar em contato. De início, ela se assustou, mas o perfil do "sorridente" revelou que seu nome era Will, que ele tinha 31 anos, um filho e trabalhava fora do país. Ela imaginou que Will só estava atrás de uma amiga para se corresponder a distância, então tomou coragem e enviou uma carinha sorridente de volta. Mal sabia que ela e seu admirador viviam a apenas 20 km de distância e que frequentavam o mesmo supermercado.

Colleen, que cresceu em Hokitika, South Island, na Nova Zelândia, pertencia a uma família desequilibrada e teve pouco contato com o pai depois de ele sair de casa quando ela tinha 5 anos. Sua mãe, Kathryn, trabalhava muito como enfermeira psiquiátrica para sustentar os três filhos pequenos. Durante parte da infância, Colleen e seus irmãos foram criados pelos avós, Sylvia e Bruce, com a ajuda e a orientação muito valiosas da independente tia Tui, que nunca se casara nem tivera filhos, mas que se considerava mãe dos sobrinhos. Por ser a filha mais velha, Colleen se tornou a chefe da casa. Preparava as refeições da família desde os 8 anos de idade; aos 13, começou a trabalhar em um salão de cabelei-

Haatchi & *Little B*

reiros, lavando cabelos, para levar dinheiro extra para casa; aos 17, saiu de casa para trabalhar na Austrália e para viajar. Depois de fazer de tudo, desde trabalhar em arquivos a limpar quartos de hotel, ela chegou a Londres em meados dos anos 1990 e acabou dividindo um apartamento com outros neozelandeses. Pouco depois ela conseguiu um emprego em uma loja de departamentos em West End e rapidamente progrediu ao cargo de gerente, mas, por sentir falta do ar fresco e dos ambientes abertos de sua juventude, começou a procurar um emprego que fosse ao ar livre.

Colleen sempre amou cães — sua mãe costumava expor Staffordshire bull terriers em feiras quando Colleen era pequena —, então no verão do ano 2000, ela trocou de carreira e se candidatou a um emprego de treinamento de cães em Surrey.

Por ter se casado e se divorciado muito jovem, logo depois de ter chegado ao Reino Unido, desde então ela tivera alguns relacionamentos fracassados, mas já estava solteira havia dois anos. Comprara uma casa em Aldershot, em Hampshire, e tinha o que chamava de "vida bem agradável", mas acreditava que provavelmente estava destinada a continuar sozinha. Para ela, os cães eram muito mais leais do que os homens e muito mais fáceis de lidar. Portanto, quando o estranho da internet a quem ela conhecia apenas como Will, do outro lado do mundo, lhe enviou uma carinha sorridente, ela não pensou que aquilo fosse virar algo além de uma amizade virtual.

Ele parecia bem interessado, no entanto, e sugeriu que ela comprasse uma câmera e que passassem a usar o

Skype. Will logo descobriu que ela não entendia nada de informática, então ensinou o procedimento de instalação por e-mail. Devido à condição delicada do local onde ele estava, Will explicou que eles poderiam se ver pela câmera, mas que teriam que digitar todas as mensagens, porque não podia haver som.

Na primeira vez em que o rosto de Will apareceu na tela de Colleen, ela ficou positivamente surpresa. Ele era bonito e não fazia exatamente seu "tipo" — homens sempre foram louros ou de cabeça raspada. Sorrindo e acenando um para o outro, eles começaram a conversar on-line e se deram surpreendentemente bem.

O primeiro pensamento de Will foi "Ela parece legal!", e ele passou a aguardar os bate-papos ansiosamente. A experiência fez com que ele passasse a enxergar sites de namoro de outra maneira. Will se cadastrara em alguns depois de se divorciar de Kim, mas sentia-se cada vez mais desiludido. Ele fez contato com algumas mulheres que descreveu como "horrores" — uma delas Will chamou de "Srta. Mentirosa"—, então já não esperava mais nada.

O dia seguinte ao que as amigas de Colleen postaram seu perfil foi o dia em que Will havia se conectado para cancelar a assinatura no site. Ao fazer login, encontrou uma mensagem de uma mulher cujo perfil ele descartara; e, já que estava logado, decidiu dar mais uma olhada em outros perfis. Ao ver a loura Colleen e a cadela, achou que havia algo de especial nela. Respirando fundo, enviou a carinha sorridente, dizendo a si mesmo que se ela não res-

Haatchi & *Little B*

pondesse em 24 horas ele levaria adiante o plano de sair do site.

Colleen não sabia, mas estava numa contagem regressiva.

O casal continuou a se encontrar e a conversar on-line nas cinco semanas seguintes — com frequência no horário que chamavam de "hora absurda", devido à diferença de fuso. Quanto mais Colleen conhecia Will, mais gostava dele, mas só como amigo, no começo. Ela também se correspondera com outros homens on-line — apenas como amigos —, mas não conseguia parar de pensar em Will.

Will se sentia da mesma maneira, mas percebeu a desconfiança dela em relação a sites de namoro, de modo geral. Determinado a provar que estava sendo verdadeiro, ele passou a se abrir um pouco mais, mas não contou sobre o problema de Owen.

Colleen continuava um pouco desconfiada. Will era mais jovem do que ela e tinha um filho que morava com ele, que era o tipo de bagagem que ela não queria. Ainda assim, havia algo nele que a atraía.

Quando Colleen foi convidada para um encontro por um de seus amigos on-line que morava no Reino Unido, ficou paralisada, mas suas amigas disseram que ela teria que tentar em algum momento, então, apesar de relutante, ela concordou. Mesmo assim, enviou uma mensagem de texto a uma de suas amigas no momento em que saiu de casa, e de novo quando chegou ao restaurante — só para o caso de seu companheiro de jantar ser um assassino com um machado. Quando entrou para vê-lo pela primeira vez, Colleen sentiu o estômago embrulhado.

O encontro às cegas não deu certo, e ao voltar para casa naquela noite Colleen se deu conta de que a primeira pessoa com quem queria conversar era Will.

Ela se surpreendeu por se sentir culpada, porque, apesar de eles conversarem todos os dias, ela não havia contado a Will que teria um encontro. Apesar de não haver nenhum sinal de que eles levariam o relacionamento adiante, ela ainda tinha a sensação de que o traíra.

"Ele estava on-line e me perguntou aonde eu tinha ido, então contei. Foi quando ele ficou de boca aberta. Contei de como havia sido um desastre e, enquanto digitava a história, vi que ele estava morrendo de rir", recordou ela.

"Quando digitei: 'Não sei por que estou contando isso para você, porque não sou sua namorada', na verdade estava pensando, 'Caramba, eu tenho sentimentos por você!'.

"E então, ele digitou: 'Tenho algo a confessar... Gosto muito de você.'

"Respondi: 'Você poderia ter me dito!'

"E ele falou: 'Bom, e você podia ter me avisado que sairia com outro!'"

Alguns minutos depois de eles terminarem de se falar, Colleen recebeu um telefonema no celular que vinha com um prefixo desconhecido do Reino Unido. Ela atendeu com receio, e ouviu uma voz muito elegante: "Oi, é o Will."

Colleen só conhecia um Will, e ele estava no Afeganistão, não no Reino Unido. Imediatamente, ela começou a imaginar que ele de fato era um maluco sentado num cenário falso do Afeganistão, enganando-a pela internet. Will logo adivinhou o que ela estava pensando pela reação surpresa de Colleen, e explicou que o telefone tinha o prefixo da sede das forças armadas. Ela ficou muito aliviada.

Foi a primeira vez que eles ouviram a voz um do outro. Os dois já haviam se apaixonado pela internet, e agora começavam a se apaixonar pelo telefone também. Em pouco tempo, ambos mal podiam esperar pelo retorno de Will.

Ele voltaria para o Reino Unido no dia 14 de agosto de 2009, e eles combinaram de se encontrar para jantar naquela noite em Farnham, em Surrey. Antes de voltar para casa, ele finalmente contou tudo a ela: que era divorciado e que seu filho tinha necessidades especiais, para que Colleen ainda tivesse "uma chance de fugir", disse ele. Will deixou claro que estava à procura de alguém com quem pudesse passar bons momentos, e não procurava uma mãe para Owen: "Ele já tem uma mãe incrível a quem ama muito", disse a Colleen. "Esse relacionamento seria para os fins de semana e para sairmos e nos divertirmos sozinhos algumas noites."

Devido à história de Colleen, ela não acreditava que existiam bons pais, muito menos bons pais solteiros. Descobrir que Will assumira os cuidados do filho com necessidades especiais a deixou muito surpresa. "Pensei que se ele era tão leal a um garotinho com deficiências, então eu não poderia pedir mais nada. Aquele não era um pai em meio expediente. Era um pai de verdade, e eu procurara por alguém como ele a vida toda."

No dia marcado, Colleen foi ao cabeleireiro e partiu para o encontro amoroso. Foi com sua pulseira preferida da Beatrix Potter. Sempre gostara muito de Beatrix Potter, que, por ter uma fazenda de carneiros, era o que ela chamava de "neozelandesa no hemisfério errado". Colleen não conseguia colocar a pulseira sozinha, então estacionou um pouco antes do horário no estacionamento do supermercado onde eles haviam combinado de se encontrar e pediu ajuda a uma estranha. A mulher olhou para ela como se Colleen fosse maluca e respondeu que estava com pressa. Ela deve ter notado a decepção no rosto de Colleen, porque parou e perguntou: "Para quê?" Quando Colleen confessou que estava indo a um encontro e que a pulseira era seu amuleto da sorte, a mulher exclamou "Vem cá!", e a prendeu para ela.

Colleen não sabia que Will — que retornara ao Reino Unido horas antes — já havia estacionado e esperava encontrar sua namorada pela primeira vez. Ele viu todo o episódio da pulseira, e a primeira coisa que pensou foi que ela havia trazido a mãe junto. Mas então a boa samaritana foi embora, desejando sorte. Will tocou a buzina do carro e acenou.

Quando ele saiu do veículo, bronzeado e em forma depois de seu período em serviço, Colleen pensou: "Nossa! Acabo de conhecer meu marido!" Ela sentiu que a ligação entre os dois foi instantânea.

O casal teve um jantar muito agradável e ficou conversando até tão tarde no restaurante, que os funcionários tiveram que pedir que eles se retirassem, para que pudessem fechar. Eles se encontraram de novo alguns dias depois e — de um modo que ambos descreveram como "muito antiquada" — demoraram bastante tempo para se conhecerem melhor.

Haatchi & *Little B*

Will não planejava apresentar Colleen a Owen até ter certeza de que ela pretendia continuar no relacionamento. Porém, dez dias depois era o aniversário de 4 anos do menino — um dia depois do de Colleen —, e Will acabou convidando a nova namorada para conhecer seu filho.

Era compreensível ela estar nervosa. Colleen nunca quisera filhos; não acreditava que seu estilo de vida combinasse com eles, e achava simplesmente que não era algo apropriado para ela. Embora a maioria de suas amigas fosse casada e tivesse filhos, o que acontecera à sua mãe tinha feito com que ela perdesse totalmente a vontade de ter uma família.

No dia em que Colleen conheceu Owen, ele estava sentado em sua cadeira especial com uma pequena almofada macia, e ela o achou a coisinha mais fofa que já tinha visto. Estava decidida a não exagerar ou se derreter por ele, pois acreditava que isso o assustaria. Também não queria se precipitar e invadir o espaço de ninguém. "Ele é filho de Kim, e ela é uma mãe muito boa. Meu papel não é ser mãe dele. Meu papel é apenas o de ser Colleen."

Com pouca experiência com crianças, Colleen disse que costumava tratá-las como tratava seus cães: recompensando bons comportamentos. "Eu disse a Owen: 'Oi. Feliz aniversário, amiguinho. Posso me sentar ao seu lado?' Ele assentiu, sorriu para mim e deixou que eu lhe fizesse carinho. A partir daquele dia, ele passou a ser o meu 'amiguinho' [*little buddy*, em inglês], de onde surgiu seu apelido, Little B."

Colleen quis comprar um presente de aniversário para Owen, mas não sabia do que ele gostava, então perguntou a Will. A resposta foi: "Qualquer coisa do Ben 10." Então, ela foi até a loja de brinquedos Toys 'R' Us e pediu para lhe mostrarem a seção com os brinquedos do Ben 10, apesar de ainda não fazer ideia do que era (Ben 10 é um garotinho que tem um relógio mágico que o transforma em alienígena). Por fim, ela escolheu um carrinho de controle remoto, porque o controle era grande e redondo, e não comprido, o que ela imaginou que seria melhor para Owen manusear. No dia do aniversário, ela entregou o presente e ficou encantada com a reação dele. Owen colocou o presente dela na mesa e com todo o cuidado abriu o cartão primeiro, fingindo que o lia (embora ainda não soubesse ler). Em seguida, abriu o embrulho e tirou o papel de presente gentilmente, sem rasgá-lo. "Ele foi tão doce, cuidadoso e educado que naquele momento ganhou o coração da mulher sentada ao seu lado!", afirmou Colleen.

Os dois se deram muito bem, e Will ficou tão aliviado que convidou Colleen para o que ele chamou de "encontro de verdade" na semana seguinte. No jardim de lavandas de Waddesdon Manor, em Buckinghamshire, ele declarou que a amava.

Apesar de ela sentir exatamente a mesma coisa, o casal continuou indo devagar e decidiu fazer tudo com cuidado. Os dois precisavam levar muitas coisas em consideração.

A ocasião seguinte em que Colleen viu Little B foi na casa dos pais de Will. Bastou que se olhassem para que se

Haatchi & *Little B*

dessem bem logo de cara. Ela entrou na sala onde Owen brincava no chão e disse: "Olá, amigo, como você está?"

Olhando para cima, ele gritou "Colleeeeeen!" e, apoiando-se na mobília, estendeu os braços para ela. Colleen relembra: "Eu me derreti que nem manteiga."

Conforme eles se apaixonavam ainda mais, Colleen começou a dormir na casa de Will, em Odiham. Ela estava lá quando Owen caiu da escada certa noite, o que assustou todos eles. E depois, ele caiu de novo.

O casal descobriu que Owen aprendera a descer da cama e sair do quarto porque queria andar "como um menino grande". Os dois conseguiam ouvir o som das mãozinhas de Owen na parede quando ele tentava chegar ao quarto deles. Então, um dia, ele tentou descer a escada, porque queria preparar o café da manhã para eles, para fazer uma surpresa. Owen ainda não tinha nem 5 anos.

Colleen não suportava pensar que Owen poderia cair de novo. Dias depois ela colocou a própria casa à venda e disse a Will que eles comprariam juntos uma casa de um só andar. Eles se conheciam havia apenas alguns meses, mas Will sabia que ela estava certa.

Decididos a incluir Owen em todas as decisões que fossem mudar suas vidas, eles o levaram para ver algumas casas, e quando encontraram a casa em Basingstoke para onde se mudariam, ao entrar, ele gritou: "Oba! Não tem escada!" O imóvel precisaria de muitas reformas até que eles pudessem se mudar, mas a decisão estava tomada. Eles seriam uma família.

Embora Owen tivesse começado o ensino fundamental e se desse aparentemente bem com os colegas, a família percebeu que ele se tornava cada vez mais retraído. Depois de passar anos sendo protegido pelos familiares, de repente ele estava cara a cara com crianças da mesma idade que se moviam e corriam por todos os lados, enquanto ele só conseguia se movimentar apoiando-se nas paredes. Não era capaz de ficar de pé sozinho e dependia cada vez mais de seu andador. Durante as brincadeiras, muitas vezes ele tinha que ficar dentro da sala por medo de ser derrubado. Will reconhecia que, apesar de seu filho ser pequeno demais para se expressar, ele começava a notar que havia algumas coisas que seus amigos podiam fazer, como aprender a jogar futebol, que ele nunca poderia fazer, e isso estava começando a magoá-lo. Ele sempre fora muito inteligente, engraçado e muito observador, mas agora estava se retraindo, e era difícil para seu pai descobrir o que fazer para tirá-lo de sua concha.

Will esperava que, se Little B pudesse ter mais mobilidade, não se sentiria tão isolado. Assim, tomou a decisão difícil e muito emotiva de pedir uma cadeira de rodas para ele na autoridade de saúde local, o que pareceu um "grande passo". Infelizmente, o órgão determinou que, como Owen conseguia caminhar de vez em quando (com ajuda), não poderia receber uma cadeira que fosse além do modelo básico NHS, que era pesado, desajeitado e muito difícil de manobrar. Mas o próprio Owen deixou as coisas mais fáceis para todo mundo demonstrando que estava muito animado por ter uma "cadeira melhor e maior", ain-

Haatchi & *Little B*

da que fosse impossível para ele movê-la sozinho e apesar de ele ser muito chacoalhado quando ela passava por um obstáculo, o que lhe causava dores de cabeça.

Quando ele começou a se acostumar com o novo equipamento e parecia estar fazendo alguns amigos na escola, no entanto, Owen passou por um crescimento que fez os espasmos contraírem seu rosto ainda mais. Seus olhos começaram a se estreitar e os músculos de seu corpo se tornaram ainda mais pronunciados. Will observou como "As pessoas passaram a olhar muito para ele, e quando Owen percebeu que elas o estavam encarando, começou a baixar a cabeça. Ele odiava quando os outros faziam isso, e quanto mais eles o encaravam, mais ele se escondia."

Não demorou muito para Little B não querer mais sair na rua. Sempre que Will lhe dizia que eles iam ao parque ou a alguma loja, ele protestava. Quando o pai insistia, Owen implorava para que ele o carregasse. Will sentia seu coração partir ao dizer que Owen era pesado demais para isso. Ele não tinha opção além de colocar o filho na cadeira de rodas e levá-lo para passear dessa forma, mas Owen detestava e ficava muito chateado. A pose comum de Owen quando eles saíam de casa era com a cabeça baixa, os braços cruzados e o corpo encolhido.

Em outras ocasiões, Owen dizia a Kim: "As pessoas estão me olhando, não gosto disso!" A princípio, ela tentou convencê-lo de que todos faziam isso porque ele era adorável; depois ela passou a explicar que não era diferente de quando ele olhava para alguém com deficiência, como os ex-soldados que às vezes eles viam na base: "Pode ser que você olhe para elas, mas isso não quer dizer que você não gosta delas. É só que elas são um pouco diferentes." Por fim, ela teve que dizer ao filho que algumas pessoas simplesmente não entendiam.

Joan, a avó de Owen, levava o neto à igreja pelo menos uma vez por mês e, apesar de ele gostar das missas e de se dar bem com os membros da congregação, grande parte do tempo ele permanecia muito retraído e escondia o rosto, desligando-se totalmente e erguendo um muro ao seu redor. Só quando alguém se aproximava dele e tentava interagir, Owen baixava a guarda e respondia.

Colleen também fazia tudo o que podia para incentivar seu amiguinho, mas ele começou a se fechar em público e claramente não estava lidando bem com a maneira como as pessoas percebiam sua deficiência. Algumas pessoas eram grosseiras e insensíveis, e o encaravam tão indiscretamente que às vezes Colleen perguntava: "Você quer tirar uma foto também?"

Pouco tempo depois, no entanto, ela passou a ter preocupações maiores. Após enfrentar a morte de sua amada avó Sylvia em 2009, Colleen agora perdia seu avô Bruce. Aquele fora um casamento feliz de sessenta anos — desde a adolescência —, e o casal fora sua inspiração e conforto ao longo da infância. Colleen ficou arrasada com as duas perdas.

Então, logo depois de seu avô morrer, sua cadela Alpha começou a agir de modo estranho, batendo as patas nela e a farejando. A coisa ficou tão intensa que, apesar de se sentir muito bem, Colleen foi à veterinária e solicitou alguns exames, porque já tinha ouvido falar de casos em que os cães tinham alertado seus donos de que havia algo errado com sua saúde. E era isso mesmo: os exames detectaram células pré-cancerosas e ela foi internada quase imediatamente para fazer uma histerectomia.

Como Colleen precisou de cuidados após a cirurgia, Will pôde lhe mostrar sua habilidade nata de cuidador. O casal decidiu, uma vez que ela passaria várias semanas em licença médica, que aquela era uma boa hora para adotar um cão. Will tivera um retriever de pelo liso chamado Jessie e adorava estar por perto dos animais de Colleen, e os dois achavam que ter um cão seria bom para Owen. Eles escolheram um mix de spaniel-collie, a quem deram o nome de Mr. Pixel. No entanto, apesar de Little B adorar Mr. Pixel, ele não criou laços tão fortes com o cachorro da forma que o casal esperava, e ainda não queria sair de casa em sua cadeira de rodas para levar o cão para passear.

Embora fraca e usando muletas depois da cirurgia, Colleen decidiu levar Will de férias em julho de 2010 para agradecer por ele ter cuidado tão bem dela. Seu avô deixara para ela um pouco de dinheiro em seu testamento, que Colleen usou para reservar uma semana para os dois na Escócia, em uma casa de árvore na propriedade Kinlochlaich, perto de Fort William.

Assim que Colleen disse a Will que o levaria para viajar, ele decidiu que seria o momento ideal para a pedir em casamento. Ela manteve o destino deles em segredo, então ele decidiu surpreendê-la também. Sem ninguém saber, Will começou a procurar alianças na internet, mas certa noite, ela viu o que ele estava procurando no computador e começou a chorar de alegria.

Will havia escolhido uma aliança em ouro branco e rosê com borboletas, as criaturas preferidas da avó dela, que sempre foram muito especiais para Colleen. Ela se emocionou, mas ainda queria ver a aliança pessoalmente, então eles foram à loja juntos. Era perfeita, e ela não poderia ter ficado mais feliz. Então, Will a deixou boquiaberta quando pediu à atendente que guardasse a aliança até que ele precisasse dela. Ela não sabia, mas ele buscou a joia na loja uma semana depois e a manteve escondida até eles partirem para a viagem.

No longo trajeto até a Escócia, a aliança de borboleta parecia queimar dentro do bolso dele, e quando eles chegaram a Fort William, no sábado, dia 28 de julho, Will mal conseguia controlar a ansiedade. Ele passou o domingo sem conseguir raciocinar direito — tinha que saber qual seria a resposta de Colleen. Na segunda-feira de manhã ele a chamou para fora do quarto, na chuva, e quando ela perguntou por que, a tensão tomou conta dele, que respondeu: "Venha logo, mulher!"

Colleen descreveu o que aconteceu: "Eu enfrentava dificuldades após minha cirurgia. Estava cheia de pontos, com dor e me sentindo péssima. Will me tirou da casa quando eu estava entupida de remédios e pensei que ele quisesse me mostrar algum pássaro raro.

"Quando me dei conta, ele estava ajoelhado, e eu falei: 'Ai, meu Deus, o que aconteceu?', porque achei que ele tivesse caído. Então, entendi o que estava acontecendo e comecei a chorar.

"Ele olhou para mim e disse: 'Você sabe que te amo muito, e que você é ótima para o Owen. Quer casar comigo?' Então, o abracei e disse que era claro que casaria!"

Colleen mal podia esperar para contar a notícia para alguém, então foi até a residência do casal dono da propriedade e bateu à porta. Eles foram os primeiros a saber. Will, enquanto isso, postou uma mensagem no Facebook dizendo que as paisagens na Escócia eram muito "envolventes", e eles passaram o resto da semana ali.

Will sempre tomou o cuidado de incluir Owen em qualquer decisão que o afetasse, então já tinha conseguido a permissão do filho para pedir a mão de Colleen em casamento. Ele perguntou ao filho como se sentiria tendo Colleen como madrasta, e Owen exclamou: "Oba!" Ele a adorou desde o primeiro dia e ficou muito feliz.

Will, então, perguntou a Owen se ele lhe daria a honra de ser seu padrinho, e a resposta foi: "Que legal!"

Will também havia pedido a permissão da mãe de Colleen, Kathryn, por telefone. Ela acompanhara a filha ao Reino Unido em 1999 e vivia em Gants Hill, North London, onde ainda trabalhava como enfermeira. Kathryn adorava Will e Little B, e nunca vira Colleen tão feliz, por isso ficou muito contente por todos eles. Colleen telefonou para a irmã mais nova, Charissa, na Nova Zelândia, e para seu irmão, Marcus, no oeste da Austrália, para contar as boas notícias. Os dois ficaram muito felizes por ela.

Com a compra recente da casa — um lugar que precisava de meses de reformas e melhorias para que Owen pudesse morar ali —, as finanças estavam apertadas. Will e

Colleen sabiam que precisariam de tempo para economizar para darem a festa de casamento que queriam, então marcaram a data para o verão de 2013. O número de sorte de Colleen é 17, por isso, eles escolheram o único dia 17 que caía em um sábado que conseguiram encontrar, em agosto. A família toda estava ansiosa para o grande dia.

Little B vinha se saindo um pouco melhor na escola, mas quando era provocado algumas vezes, começava a reagir. Certo dia, ele deu uma cabeçada em um amigo na hora do recreio. Outro garoto disse que ele era "esquisito", e também ganhou uma cabeçada de Owen. Will teve que ir à escola conversar com o filho, que inicialmente disse que o amigo tinha escorregado e batido a cabeça. Pai e filho tiveram uma "conversa séria", durante a qual Will disse a Little B que ele só poderia reagir fisicamente se fosse agredido primeiro. Nada do tipo voltou a acontecer, desde então.

Por mais que se comportasse bem na escola e se sentisse bem com a família e em situações em que conhecia todo mundo, Owen continuava extremamente tímido, ansioso e retraído em público, e não queria ser "visto". Todos, de Will a Colleen, passando por Kim e seus avós, ficavam cada vez mais preocupados. A timidez de Owen significava que ele não estava se desenvolvendo socialmente. O menino quase não brincava com os amigos e não ia muito à casa de outras crianças — provavelmente porque os pais delas temiam não saber como se comportar com um garoto com deficiência. Owen também demonstrava impaciência por ter que às vezes colocar os aparelhos nas pernas e por ter que tomar remédio, duas coisas que exigiam sua total cooperação.

Ele se sentia muito feliz em casa assistindo à TV ou num restaurante com a família — o Pizza Express se tornara seu preferido, e ele sempre sabia exatamente o que pedir. Mas quando a família o levava a outros lugares públicos, ele ficava muito chateado. Certa ocasião, Owen confrontou uma senhora em um supermercado, pedindo para que ela parasse de olhar para ele. Como ela não parou, ele a chamou de "fedida". Will passou-lhe um sermão e disse que ele sempre deveria ser educado, mesmo que os outros fossem grosseiros, mas a consciência cada vez maior de Owen em relação a sua deficiência, a como os outros o viam, começava a afetá-lo.

Na esperança de animá-lo, Will organizou uma festa para comemorar os 5 anos do filho no salão da igreja de Odiham. Ele disse a Owen que ele poderia escolher o tema que quisesse, e o garoto, que costumava pedir para ouvir Metallica no café da manhã, escolheu "rock 'n'roll", e todo mundo teria que se fantasiar de astro do rock. Owen pediu um castelo inflável para poder ver seus amigos se divertirem. "Ele teve um dia incrível", Will relembra. "Owen até foi no castelo inflável e gostou de ficar pulando lá. Acho que foi nesse dia que muitas crianças e seus pais viram que Little B podia brincar tanto quanto qualquer um. Ficou muito claro para eles que Owen se comportava como qualquer menino normal em um ambiente social."

Mais tarde naquele ano, Will soube que seria mandado para sua segunda missão no Afeganistão, na equipe de conserto e manutenção dos helicópteros Chinook. E, assim, ele passou longe de casa o Natal que ele e Colleen descrevem como o pior de suas vidas.

Com Colleen trabalhando em tempo integral, incluindo os turnos da noite, os pais de Will se ofereceram para ficar na casa dele em Odiham para ajudar a cuidar de Owen. Certo dia, Joan levou o neto à Catedral de Chichester e ficou encantada com a reação do garotinho à beleza e serenidade da construção, que ele nunca tinha visto antes. De repente, ele avistou uma pequena capela com velas acesas: ficava mais para o lado, atrás de alguns portões. Owen perguntou à avó se eles podiam entrar e acender uma vela para rezar por Will. Joan ficou emocionada; só mais tarde ela descobriu se tratar da Capela de St Clement, onde havia um memorial a pessoas mortas em combate, com um emblema da RAF. De onde eles estavam, Owen não conseguiu vê-lo quando pediu para acender a vela, mas sua avó teve a sensação de que ele fora atraído para lá de alguma forma.

Era a vez de Kim passar o Natal com Little B, então os pais de Will convidaram Colleen para passar a data com eles em sua casa em Midhurst, em West Sussex. Também estavam lá o irmão de Will, Ed, e as irmãs, Esther e Bethany, além de seus respectivos maridos e filhos. Mas todos sentiram a falta de Will. Ele telefonou no dia de Natal durante o almoço, enquanto eles comiam peru assado. Houvera muitos blecautes em Camp Bastion naquele mês, e a missão dessa vez estava sendo muito mais difícil. Colleen colocou a ligação no viva-voz na mesa para que

Haatchi & *Little B*

a família toda pudesse ouvi-lo. Porém, quando todos lhe desejaram feliz Natal ao mesmo tempo, Will ficou muito emocionado.

Colleen correu para outro cômodo com o telefone para poder conversar com ele em particular. Quando Joan foi ver se ela estava bem, também começou a chorar, porque viu que a futura nora estava chorando tanto a ponto de seu nariz sangrar. Aquela era a primeira vez que ela e Will ficavam separados, o que fez Colleen perceber que se apaixonar por um membro das forças armadas não era fácil, sobretudo quando ele era enviado a regiões perigosas.

Colleen também tinha outro temor: "Eu me preocupava muito com a segurança de Will, claro, mas minha outra grande preocupação era que, se alguma coisa acontecesse com ele, eu não perderia apenas o amor da minha vida — perderia também o garoto que eu amava como um filho. O tribunal automaticamente daria a Kim a guarda dele, é óbvio, porque ela é a mãe. Mas isso me deixou muito temerosa a respeito do que poderia acontecer."

Colleen não pensava apenas em suas necessidades. Ela sabia que Little B precisava desesperadamente do pai. O elo entre eles os tornara praticamente inseparáveis. Se alguma coisa acontecesse a Will, com Kim trabalhando longe de casa por tanto tempo, Colleen temia que Owen fosse passado de um membro infeliz da família a outro.

Colleen decidiu não imaginar o pior cenário possível. Afinal, não podia fazer nada além de esperar o retorno de Will, que, para alívio de todos, aconteceu em segurança, em fevereiro de 2011.

O casal finalmente pôde preparar uma casa confortável para Owen, para si mesmos e para Mr. Pixel (com os dois cães de trabalho de Colleen, que viviam em canis com infraestrutura em seu novo quintal).

Eles também puderam dar mais atenção a Owen, que agora precisava fazer fisioterapia e hidroterapia com frequência, além das consultas frequentes com o quiroprático. As contrações musculares em seu rosto vinham enrugando seus traços e estreitando as pálpebras, o que dificultava cada vez mais sua visão. Os médicos disseram a Will que Owen talvez tivesse que operar as pálpebras para poder manter os olhos abertos. Desse modo, sua visão também piorara — em parte, devido aos remédios — e o menino teria que usar óculos. Owen também estava sendo submetido a estudos do sono no Hospital de Southampton para verificar sua respiração. Os espasmos em seu peito tinham piorado, o que significava que, quando ele se deitava para dormir, os músculos apertavam seu peito e ele só conseguia respirar com dificuldade. A consequência era que Owen sempre acordava tossindo — às vezes, até cinquenta vezes por noite. Ele também desenvolvera asma por não conseguir expandir a caixa torácica completamente, e por conta disso desenvolveu hipoxia — a queda dos níveis de oxigênio no sangue —, o que poderia danificar seu coração ou seu cérebro.

Will e Colleen chegaram a temer que os pelos dos cães pudessem estar afetando Owen, mas os médicos garantiram que isso não era problema. Owen sempre tossiu, desde muito novo (antes de ter contato com cães), e a tosse é um sintoma comum da síndrome.

O Dr. Thomas, de Southampton, admitiu que a respiração de Owen era "motivo de preocupação"; a tensão muscular afetava seus músculos de respiração a ponto de ele não poder pigarrear ou respirar fundo. Isso o deixava mais vulnerável a infecções no peito, e os tratamentos eram muito limitados.

A equipe médica de Owen não teve escolha a não ser prescrever uma máscara de oxigênio para ser usada à noite, e, para isso, uma empresa especialista teve que adequar uma máquina de fluxo de ar a seu quarto. Também foi necessário levar os cilindros de oxigênio, que só podiam ser transportados legalmente por fornecedores registrados. Eles têm vários tipos de alertas para que não se fume perto deles e para que se tome o cuidado de manter a estabilidade.

O oxigênio ajudou, apesar de Little B não gostar da máscara nasal presa a um tubo, nem da fita adesiva necessária para segurá-la no lugar. Will colocava um despertador e se levantava quatro ou cinco vezes toda noite para checar se a máscara continuava no lugar certo, senão seu filho poderia começar a engasgar.

A necessidade de Owen de receber oxigênio significava que ele só podia passar a noite em locais onde uma máquina de ar com purificador já estivesse instalada. Caso contrário, elas tinham que ser montadas especialmente para ele, inclusive em viagens. Os quatro avós possuíam o equipamento instalado em suas residências para que ele pudesse ficar com eles, mas Kim teve mais problemas com isso.

A RAF sempre fora extremamente prestativa com ela e Will a respeito das necessidades do filho deles. Ao longo dos anos, sempre deu folga aos dois para consultas médicas e hospitalares e não poderia ter sido mais compreensiva. Isto até Kim sair da casa da família e precisar morar sozinha.

O Ministério da Defesa não reconhece oficialmente a guarda compartilhada de uma criança quando é preciso providenciar moradia. Com Will relacionado como o principal responsável, Kim não teve opção a não ser se mudar para um quarto das forças armadas "no quarteirão" — um bloco de flats na base aérea — que nem sequer tinha um banheiro privativo. Como mãe de Owen, ela ainda precisava de um lugar estável onde o filho pudesse ter a máquina de oxigênio e algumas outras coisas quando passava a noite com ela. Apesar de o menino não morar com ela em tempo integral, Owen passava muitos fins de semana com Kim, e ela sentia que suas necessidades eram exatamente as mesmas de Will, que estava prestes a abrir mão da sua própria acomodação da RAF.

Depois de uma longa batalha com seus superiores, Kim finalmente mudou-se para uma casa excedente em Bordon, Hampshire, não muito longe de Basingstoke, onde poderia receber Owen com segurança. Por ser "excedente", a casa não podia sofrer modificações permanentes, como rampas e corrimãos, e Kim poderia ser despejada com só um mês de aviso prévio se a RAF de repente precisasse do

Haatchi & *Little B*

local para outra pessoa. No entanto, a vitória de Kim pelo menos lhe deu um lugar onde receber o filho quando ela não estivesse fora do país. Kim também estava feliz num relacionamento com um militar chamado Lee, pai divorciado que tinha dois filhos.

Will ficou aliviado por Kim finalmente ter conseguido uma casa adequada. "Kim é uma mãe incrível, que mima demais o Little B. Ela passa muito tempo com ele quando está no Reino Unido, e tenta recebê-lo em sua casa pelo menos duas vezes por mês, além de nas férias. Ela é a mãe dele, e Owen a ama muito."

Will e Colleen, enquanto isso, trabalhavam duro para pagar a casa e economizar para o casamento, além dos cuidados com Owen. Mas apesar da vida agitada, eles pretendiam aumentar a família. Pensando em dar uma companhia canina a Mr. Pixel, tiveram a ideia de adotar outro cão. Embora tivessem que ponderar a respeito com muito cuidado por causa de Little B, Colleen entendia muito de treinamento de cães e de como corrigir comportamentos ruins; então, ela achava que poderia cuidar das coisas.

O ideal, para Colleen, seria encontrar um cão que já estivesse em uma casa temporária em vez de procurar em canis. Ela e Will buscavam um animal do mesmo tamanho de Mr. Pixel ou menor — um King Charles spaniel, um west highland terrier ou um cocker spaniel, possivelmente.

Recusando-se a ver possíveis candidatos em centros de resgate porque sabia que desejaria levar pelo menos um deles, Colleen procurou on-line durante cerca de três meses em diversos sites, incluindo os da Sociedade Protetora, do Dogs Trust e da Battersea Dogs Home. Apesar de terem visto alguns animais lindos e que precisavam desesperadamente de um lar, ela e Will não decidiram nada, e sabiam que era importante não ter pressa.

Alguns anos antes, Colleen fizera treinamento com o behaviorista animal Ross McCarthy, na London Dog Behaviour Company. Ela sabia que ele havia aberto — com seu parceiro, James Hearle — um local que cuidava de cães durante o dia chamado Dogs and Kisses, que ela seguia no Facebook.

Certa noite, em janeiro de 2012, Colleen estava sentada no sofá ao lado de Will, navegando pelas páginas da Dogs and Kisses, quando viu uma carinha olhando para ela no computador e até perdeu a respiração.

O olhar intenso de um pastor-da-anatólia a emocionou.

Ao fitá-la, Will viu a expressão de Colleen e perguntou: "Ah, não, o que você encontrou?" Ela não disse nada, não conseguia falar, e apenas virou a tela do computador para ele.

Ao ver aqueles olhos pidões, Will deixou escapar um: "Nossa!" No mesmo instante os dois perceberam que aquele era o cão certo para eles. Naquele momento, tudo o que sabiam era o nome dele: Haatchi.

Antes que Will pudesse dizer algo, Colleen pegou o celular para enviar uma mensagem de texto a Ross, perguntando se podia conhecer o cachorro por quem acabara de se apaixonar pela internet. Will, que conhecera a noiva on-line e sabia muito bem como ela era, simplesmente recostou-se no sofá com Owen e começou a rir.

4

*"Quem disse que dinheiro não compra felicidade
se esqueceu de filhotes de cachorro."*
Gene Hill

COLLEEN SÓ SOUBE que Haatchi perdera uma perna quando leu um pouco mais sobre ele na página do Facebook da Dogs and Kisses. Seu estômago embrulhou quando descobriu como havia acontecido.

Tudo o que lhe disseram era que ele tinha sido atropelado por um trem. Sua maior preocupação era que seus donos ainda pudessem estar à procura dele, mas garantiram a ela que já haviam se passado semanas desde o acidente e ninguém se pronunciara. Haatchi também não tinha microchip, então sua família não podia ser localizada.

A deficiência do cão não incomodava Colleen e Will de forma alguma. Eles se preocupavam muito mais com seu tamanho e seu temperamento com Little B. Após anos vivendo e trabalhando com pastores-alemães, Colleen não se importou com o que leu sobre a raça dele, mas precisava vê-lo pessoalmente para ter noção do quão agressivo ele era.

Ela mal podia esperar.

Havia procedimentos a serem realizados antes que ela pudesse fazer isso — o primeiro era preencher um formulário formal de adoção para a UKGSR, que tratava de quaisquer pedidos de adoção. Ela respondeu a todas as perguntas, mas frustrou-se por não haver espaço para fazer mais comentários. Ainda assim, Colleen forneceu todas as informações solicitadas, incluindo o fato de que tanto ela quanto Will trabalhavam.

Alguns dias depois, Colleen estava num campo congelante da base aérea treinando alguns cães quando seu celular vibrou. Ross, da Dogs and Kisses, tinha encaminhado o breve e-mail que ele recebera da UKGSR. A resposta para seu pedido de adotar Haatchi era "não adequada".

Ela fora recusada.

O motivo para a recusa era que Haatchi provavelmente passaria mais de quatro horas por dia sozinho. Colleen, no entanto, não pudera explicar à instituição de caridade que o casal trabalhava em turnos, portanto isso raramente aconteceria, ou talvez nunca chegasse a acontecer.

Arrasada, ela telefonou para Will e lhe contou: "Não vamos ficar com o Haatchi!" Ele se ofereceu para escrever e explicar, mas ela falou para esquecer. "Talvez o destino não queira que ele seja nosso", ela disse, mas estava muito triste.

Uma hora depois, seu celular tocou de novo. Era Tracey Harris, do escritório da UKGSR, dizendo que eles tinham

Haatchi & *Little B*

acabado de receber o e-mail dela. Por um momento ela ficou confusa, pois não enviara nenhum e-mail. Foi quando se deu conta de que Will devia ter entrado com seu nome e protestado contra a decisão. Ross e James também tinham entrado em contato com a UKGSR separadamente, e enviaram um e-mail que descreveram como "de impressionar", informando à organização que, na opinião profissional deles, Colleen e Will eram os donos perfeitos para Haatchi.

Tracey perguntou a Colleen por que ela escolhera Haatchi, e ela respondeu que seu namorado era da RAF e que Haatchi seria um ótimo cão de terapia para amputados. Como ele era muito grande e fofo, isso foi algo que ela pensou em fazer com ele desde o começo. E então, ela afirmou que, pelo que Ross lhe dissera, Haatchi se sentia tão à vontade com crianças quanto com adultos. "Ele também faria meu enteado feliz", ela garantiu a Tracey. "Ele tem necessidades especiais, e Haatchi é ótimo para abraçar."

Depois de constatarem como a chegada de Mr. Pixel não transformara a vida de Owen da forma como esperavam, Colleen secretamente não tinha muita esperança de que Haatchi fosse mudar alguma coisa. Simplesmente rezava para que seu amiguinho se sentisse mais feliz tendo um ursão abraçável por perto.

Quando Tracey Harris e a UKGSR souberam de mais detalhes, ficaram muito mais animados com a possibilidade de Colleen adotar Haatchi, e combinaram que ela o visitaria alguns dias depois. Ela dirigiu sozinha até a casa de campo de Ross e James em Oxfordshire e se viu no meio de um zoológico de cães que incluía diversos dogues-alemães, alguns lulus-da-pomerânia e até alguns chihuahuas.

Ross disse a Colleen que Haatchi despertara muito interesse on-line, mas que a maior parte dele vinha de donos "inadequados", que não seriam capazes de lidar com um animal tão grande e com deficiência. Ele só concordara com a visita dela porque sabia que Colleen trabalhava com cães e estaria preparada para se dedicar.

"Sei ser muito racional com cães; tenho que ser", afirmou Colleen. "Eles são as ferramentas do meu trabalho, e não posso me apegar demais. Trabalho com grupos de animais que não conseguem cumprir requisitos mínimos e para os quais precisamos encontrar lares. Assim, quando cheguei, estava preparada para *não* me apaixonar ainda mais por Haatchi."

Ao passear no jardim com Ross, ela viu Claude, um enorme dogue-alemão parado como uma estátua no meio do gramado. Ele estava firme e imóvel no gramado, mas por baixo de sua barriga ela viu que havia outro cão atrás dele, com apenas três patas.

Uma cabeça grande a olhava por baixo da barriga de Claude, com aquele mesmo olhar penetrante que ela vira na tela do computador. Colleen engasgou, respirou fundo e prendeu a respiração. Ela nunca se sentira daquele modo em relação a nenhum cachorro em toda sua vida.

"Ross me viu quase ficando roxa e me deu um tapa nas costas, exclamando: 'Respira, Colleen!' Eu soltei o ar e levei a mão ao peito. A sensação foi bem forte."

Haatchi & *Little B*

Ross levou Colleen para dentro para se recuperar, e então James levou Haatchi para conhecê-la. Ela estava sentada no sofá quando o pastor-da-anatólia entrou, escorregando muito porque ainda não tinha se acostumado a ter só três patas. Colleen se sentou no chão e ele se jogou em cima dela, encostando o focinho cheio de pintinhas em seu pescoço. Ele parecia muito triste, gemia e, claro, sentia dor. Colleen percebeu que Haatchi precisava de afeto humano e que estava muito confuso.

Ross explicou para ela que um cão sem rabo tem muita dificuldade para se comunicar com outros cães, porque o rabo é uma ferramenta vital de comunicação para muitos animais. Consequentemente, era como se ele tivesse perdido a voz. Além disso, os outros cães achavam o cão de três patas esquisito, tanto na aparência quanto no cheiro — seus ferimentos sangravam de vez em quando e cheiravam a antisséptico —, então, eles costumavam evitá-lo.

Para piorar as coisas, Haatchi também sofreu do que chamam de "membro fantasma" por algum tempo, uma situação na qual ele achava que a pata amputada ainda estava ali. Haatchi tentava coçar atrás da orelha com ela e acabava chacoalhando o ferimento, e então gemia de frustração e de dor.

Quando finalmente ele se ajeitou no colo de Colleen, rolou de barriga para cima e ela pôde ver sua amputação: uma região sem pelos e com pontos ainda em cicatrização. Ela perguntou a ele com delicadeza "Posso tocar?", e ele não pareceu se importar. Então, ela colocou a mão nele e percebeu que a região estava muito quente. Foi quando Haatchi se enrolou todo nela.

De repente, James cutucou Ross e disse: "Veja!"

O toquinho de rabo que Haatchi ainda tinha estava abanando. Era a primeira vez que ele o mexia desde que passara a morar com eles. Até aquele momento, eles disseram a ela, nem sabiam se isso era possível.

"Naquele momento, ele me ganhou", disse Colleen mais tarde. "Haatchi nos escolhera, não o contrário. Há algo verdadeiramente espiritual nele. Eu me apaixonei, e senti em meu coração que era para estarmos juntos."

Quando Colleen foi para casa mais tarde, chorou ao contar para Will como Haatchi era incrível e como ela estava triste pelo que acontecera a ele. O casal tinha duas semanas para pensar se realmente estava preparado para assumir um animal tão grande de três patas. Will e Colleen precisavam ter certeza de que estavam fazendo a coisa certa pelos motivos certos. Owen era prioridade de Will. Ele precisava ser convencido de que um cachorro que havia sofrido tamanha crueldade seria seguro para seu filho, e disse a Colleen que se Haatchi rosnasse, uma vez que fosse, iria embora.

Quando tomassem a decisão de pegar Haatchi, teriam que passar por um teste da UKGSR antes de Colleen poder buscá-lo. Eles ficaram um pouco nervosos quando sua casa foi inspecionada e tiveram que responder onde manteriam Haatchi e por quanto tempo ele poderia ficar sozinho durante o dia. Só quando veio a informação de que a casa passara no teste Colleen pôde voltar a Oxfordshire para pegar seu novo bebê.

Owen sempre adorou segredos e surpresas, por isso, o casal não contou nada a ele sobre quem chegaria para mo-

Haatchi & *Little B*

rar com eles. O menino estava dormindo quando Colleen chegou com Haatchi na noite de 18 de fevereiro. Assim, eles fecharam a porta do quarto e deixaram o cachorro cambalear pela casa para explorar. Em seguida, eles o apresentaram a Mr. Pixel. Como esperavam, os dois cães se deram bem e Haatchi não demonstrou nenhuma das características tão faladas sobre sua raça.

Depois de explorar todos os cantos da casa e descobrir onde tudo ficava, Haatchi não parava de cheirar a soleira do quarto de Owen. Will e Colleen decidiram abrir a porta silenciosamente.

Apesar dos ferimentos, Haatchi, que ainda tinha só 5 meses, era um filhote exuberante, ainda que tivesse só três patas. Até aquele momento, ele andara escorregando e mancando por toda a casa, mostrando-se muito empolgado. Assim que entrou no quarto de Owen, decorado com pôsteres de *Star Wars* e *Toy Story*, pintados por Will, seu comportamento mudou totalmente.

Assim que viu a máscara de oxigênio e a máquina de fluxo, ele farejou o ar várias vezes e passou a andar quase na ponta dos pés perto de onde Little B estava. Will e Colleen viram quando ele inclinou a cabeça, como se dissesse "Hum, tem algo interessante aqui". Era como se Haatchi soubesse que aquele era um menino vulnerável e que ele não deveria mexer com a máquina e os tubos. E então, em silêncio, ele se afastou.

Will acordou o filho às 7 horas da manhã no dia seguinte, e sentou-se na beira da cama enquanto seu "dorminhoco" esfregava os olhos e bocejava. Will disse a Owen que eles tinham uma grande surpresa para ele, o que fez com que o garoto despertasse bem rápido e se animasse muito. Então, Will pediu a Colleen para entrar com Haatchi. Owen ficou boquiaberto quando um cachorrão três vezes maior do que ele se aproximou e, sem que ninguém pedisse, colocou a cabeça com calma sobre a perna de Owen. Eles se olharam e derreteram. Foi amor à primeira vista — para os dois.

Colleen disse mais tarde que a atmosfera toda do quarto mudou num instante. "Foi puramente elétrico, uma combinação de amor puro e aceitação. É difícil descrever a ligação entre os dois. Era como se eles estivessem se reencontrando, como velhos amigos se vendo de novo, e não pela primeira vez. Eu gostaria de ter registrado o momento em vídeo."

O que Will achou muito interessante foi que nem o menino nem o cachorro se afastaram, nem pareceram estar incomodados. Um parecia perceber que havia algo incomum com o outro. Haatchi não era perfeito e não era normal, mas Owen conseguiu ver que, apesar de ser tão grande, ele estava se acostumando a sua deficiência sem se importar com ela. Will achou que houve uma afinidade.

Owen perguntou o que acontecera com a pata e com o rabo de Haatchi. Eles não quiseram mentir, mas era uma história difícil de contar e de ouvir. Little B chorou quando eles explicaram, da melhor maneira, e ao longo da explicação ficou fazendo carinho na cabeça do cachorro. Tomado de tristeza, ele perguntou como alguém podia ser tão cruel. Will e Colleen disseram não saber, mas garantiram

Haatchi & Little B

a ele que a polícia pegaria o culpado e o denunciariam. Isso fez com que o menino se sentisse um pouco melhor.

Ele pegou o andador e caminhou para a sala de estar enquanto Haatchi o seguia dedicadamente. Os dois se aninharam juntos no sofá, onde Owen fez mais carinho em seu novo amigo e começou a sussurrar em seu ouvido. O elo estabelecido entre eles naquela manhã era algo que só os dois entenderiam. Ao longo daquele fim de semana, menino e cachorro ficaram juntos — na cama, no sofá e no chão. Eles já eram inseparáveis, e Will e Colleen souberam que Haatchi estava ali para ficar.

"Fiquei muito feliz", afirmou Owen mais tarde, sorrindo. "Tudo mudou na minha vida a partir daquele dia."

Haatchi comia alimentos crus na Dogs and Kisses e, depois de lerem várias matérias dizendo que aquela dieta era mais saudável e mais natural para cães, Colleen e Will decidiram passar a dar comida crua para ele e Mr. Pixel. Colleen pesquisou muitas empresas on-line e encontrou uma chamada Natural Instinct, não muito longe de Camberley, em Surrey, encomendou o que precisava e pediu a Will para encontrar uma caixa térmica no eBay para guardar tudo. Acabou encontrando uma, mas ela só poderia ser enviada alguns dias depois, por isso Colleen telefonou para a Natural Instinct e pediu que adiassem a entrega. Quando a moça ao telefone perguntou por quê, Colleen explicou sobre a caixa térmica e lhe contou sobre Haatchi. Então a desconhecida ficou tocada e pediu para ver uma foto do cachorro de três patas que eles haviam adotado.

Uma hora depois, Colleen e Will receberam uma ligação de Suzanne Brock, irmã do diretor da empresa, David Brock, que lhes disse que eles gostariam de patrocinar Haatchi e fornecer comida de graça até o fim da vida dele. Colleen não conseguiu acreditar; ficou tão chocada que começou a chorar. Foi um gesto incrivelmente generoso.

Mal sabiam eles quanto a história de Haatchi tocaria as pessoas de modos que jamais poderiam ter imaginado, e encorajaria muitos atos de gentileza no futuro.

Por ter encontrado Haatchi pelo Facebook, Colleen decidiu que o mais certo seria fazer uma página especial para ele. Nas primeiras postagens, descrevendo o dia em que Colleen o vira pela primeira vez, Haatchi "escreveu": "*14 de fevereiro — Feliz dia dos namorados! É ainda mais especial para mim porque hoje garanti minha casa para sempre! Que venha o amor!*" Ele descreveu a si mesmo como "*comediante, animador e psicólogo autônomo*". Em "Educação", ficou a descrição de que ele cursou sobreviver ser atropelado por um trem depois de ser amarrado aos trilhos na "Universidade da vida e dos tombos". Na linha do tempo de fevereiro, Haatchi escreveu: "Deixou de trabalhar na RSPCA (Sociedade Protetora dos Animais) — especialista em sobrevivência", acrescentando ter feito "um curso sobre diversidade da raça humana, variando de pessoas que querem me matar, pessoas que lutaram para me manter vivo, até pessoas que querem enriquecer minha vida física e mentalmente para sempre".

Colleen mais tarde postou fotos de seu primeiro passeio (com Owen de cabeça baixa na cadeira de rodas, como

Haatchi & *Little B*

sempre), e também de sua primeira ida à pet shop, e até um vídeo no qual ele roncava enquanto dormia. Haatchi foi fotografado arrecadando dinheiro para a Help for Heroes na frente de uma loja de departamentos, e dentro de poucos dias ele já tinha mais de mil seguidores.

Conforme mais e mais pessoas ficavam sabendo de sua história e se emocionavam com ela, fotos e vídeos dele começaram a ser espalhados pelo mundo. Para suprir a demanda por mais, Colleen começou a postar novos eventos, como "Kiss a Freckle Friday" [Sexta-feira de Beijar uma Pintinha], com fotos semanais de close do focinho de Haatchi; e "Throwback Thursday", uma tendência lançada no Facebook em que se postam fotos antigas. Owen começou a aparecer em mais fotos com a descrição "Eu e meu Little B", e parecia muito feliz tendo seu amigão para abraçar.

Colleen também passou a acompanhar uma página no Facebook dedicada à alimentação crua de cães e arranjou alguns amigos para Haatchi ali também, incluindo uma senhora chamada Jan Wolfe, que cuidava de casas para aluguel perto de Oban, na costa oeste da Escócia. Assim como Will e Colleen, ela acreditava que alimentos crus ajudavam a manter a saúde dos cães. Essa preocupação era uma prioridade, devido aos ferimentos de Haatchi.

O casal já havia levado o cão ao veterinário da região para que seus ferimentos fossem avaliados. Eles ficaram muito preocupados com o rabo, que ainda sangrava. Como caía com frequência, Haatchi o machucava ainda mais, por isso ele precisava estar coberto o tempo todo. O veterinário os alertou de que se o rabo ficasse muito infeccionado, eles teriam que sacrificar Haatchi, pois a amputação havia sido feita muito perto da espinha. A partir daquele dia, eles souberam que precisariam ficar de olho nele, assim como estavam acostumados a fazer com Owen. Como eles disseram, "Isso tem que dar certo"; então, nas semanas seguintes, eles praticamente seguiram Haatchi por todos os cantos da casa para segurá-lo se ele caísse.

Também cuidavam do ferimento da perna todos os dias, limpando-o e aplicando gel de aloe vera, e depois de algumas semanas ele começou a cicatrizar. Como Haatchi não lambia a região, não precisou de uma coleira de proteção; era como se ele soubesse que não podia.

Will e Colleen começavam a notar quanta coisa estaria envolvida para manter Haatchi bem e saudável. Ele precisaria de monitoramento constante e de visitas frequentes ao veterinário, que seriam encaixadas de acordo com o calendário escolar de Owen e as consultas médicas, além das pressões dos dois trabalhando em tempo integral. Era um esforço que eles estavam preparados para fazer, só para terem o belo pastor-da-anatólia em suas vidas.

O que eles não esperavam, no entanto, era a mudança que Haatchi provocou em Little B. De repente, ele ficou muito mais feliz. Foi uma surpresa para todos.

Owen se tornara cada vez mais relutante em tomar os medicamentos, que ele ingeria, em sua maioria, na forma líquida por meio de uma seringa. Ele dissera ao pai que detestava o gosto. Também começara a brigar quase todos

Haatchi & *Little B*

os dias com Colleen e Will para não comer alimentos saudáveis — principalmente os vegetais. que iriam melhorar seu sistema imunológico e ajudar a afastar as infecções. Porém, ao ver como Haatchi comia bem seus alimentos crus e tomava todos os remédios, Owen decidiu que seria tão corajoso quanto seu cão.

Observado por seu novo melhor amigo, Little B agora enfileirava todos os remédios na mesa, sempre na mesma ordem, e tomava os de gosto pior primeiro. Ele dizia a Haatchi e a seu pai: "Preciso ser forte!"; e então tomava todos. Chegou ao ponto que se seu pai se esquecesse de dar o remédio ou se atrasasse, Owen o lembrava.

Haatchi também se tornou excelente no apoio moral sempre que Little B tinha que passar por sessões dolorosas de fisioterapia, pois permanecia a seu lado e mostrava sua preocupação lambendo o garoto com sua grande língua cor-de-rosa. Quando se sentia muito feliz, Haatchi conversava com Owen com sua fala especial de cães, como se fosse o Scooby-Doo. E, claro, sempre havia abraços de boa-noite antes de ambos irem dormir.

Haatchi reagia com a mesma intensidade com a criança cuja proteção ele agora via como sendo sua tarefa. Quando Owen voltou para a escola na segunda-feira seguinte à sua chegada, Haatchi caminhou sem rumo dentro da casa procurando seu menino e não descansou até ele chegar. Ficou claro que ele sentia falta de seu novo melhor amigo.

No dia seguinte, quando Will foi buscar Owen na escola, Haatchi ficou sentado perto da janela com o focinho encostado no vidro (criando o que a família chamou de "arte de focinho") até ele voltar. No terceiro dia, ele assumiu a posição à janela dez minutos antes de Will sair para buscar Little B — e desde então, não parou mais. Assim como Hachi, seu xará japonês, ele observava e esperava seu dono voltar.

Nos primeiros dias após a chegada de Haatchi, Will levou Owen e os cães para o passeio diário. Seu filho adotou a postura costumeira — foi de boné, manteve a cabeça baixa, as mãos enfiadas nos bolsos e o corpo encolhido. A família até tirou uma foto dele nessa pose, com Haatchi olhando para a frente e tentando descobrir onde seu amiguinho tinha ido parar.

Pouco a pouco, desconhecidos começaram a perceber o cachorro incomum ao lado deles. Encantados com o tamanho de Haatchi e com o fato de que ele parecia estar se dando muito bem com três patas, eles se aproximavam do grupo sem nenhum pudor para dizer oi ou para acariciá-lo, ignorando Owen totalmente.

Duas semanas depois da chegada de Haatchi, Little B surpreendeu o pai ao perguntar se eles podiam passear na neve. Will concordou animado e eles partiram com a coleira de Haatchi amarrada na parte de trás da cadeira de rodas de Owen. As pessoas ainda encaravam o grupo incomum por um motivo diferente. Eles admiravam o belo cão de três patas, e não ficavam mais olhando para o menino tímido na cadeira de rodas. Mais uma vez, desconhecidos se aproximaram e perguntaram sobre Haatchi. Para surpresa de Will, e antes que ele pudesse responder,

Haatchi & *Little B*

Owen ergueu a cabeça e contou a história toda, interagindo com estranhos pela primeira vez. Invariavelmente, as pessoas choravam de pena — sobretudo as mulheres, a quem Owen parecia emocionar mais fortemente. Will ficou impressionado. "Foi uma transformação incrível. Ele era extremamente tímido e passou a encantar estranhos!"

A história de como Haatchi havia perdido a pata e o rabo parecia afetar as pessoas de modos diferentes. Quanto mais velhas, e quanto mais gostasseam de animais, mais a história as tocava. Algumas choravam na rua, ainda mais quando descobriam que seus ferimentos eram resultado de crueldade.

Colleen e Will tomavam o cuidado de esconder das crianças pequenas o verdadeiro horror do que acontecera ao cão e pediram a Owen para contar apenas que ele tinha sido atropelado por um trem; em seguida, eles alertavam os pequenos sobre os perigos de brincar perto dos trilhos de trem. Tanto jovens quanto idosos ficavam fascinados ao ver como Haatchi se virava bem com apenas três pernas, e quase sempre diziam a Owen que ele tinha um cachorro "maneiro" antes de elogiarem sua cadeira de rodas.

Independentemente da idade da plateia, Owen logo aprendeu a tocar seus corações, e parecia gostar de ser o narrador da incrível história de sobrevivência daquele cachorro "maravilhoso".

Todos na família, de Kim aos avós de Owen, perceberam a diferença nele quase imediatamente. Muitos deles haviam temido a adoção de um cão com deficiência, mas esse temor desapareceu quando viram que Owen começou a desabrochar na companhia de Haatchi. Kim disse: "No começo, pensei: 'Ah, não, outro cachorro!' Mas aí eu vi como Owen tinha começado a mudar e a se tornar mais confiante. Ele só falava sobre Haatchi; Haatchi isso, Haatchi aquilo. Ele se desenvolveu muito. Esse cachorro foi como um milagre."

Pela primeira vez em sua curta existência, Owen percebeu que as pessoas não se interessavam por ele ou o encaravam por achá-lo diferente, mas porque ele tinha um cachorro "maneiro". Em pouco tempo ele pediu a Will que levasse Haatchi junto quando fosse buscá-lo na escola para que seus amigos o conhecessem, e logo transformou o animal de estimação no assunto de projetos e trabalhos de arte.

Seus professores já tinham comentado sobre a mudança de Owen na sala. Em vez de pedir às pessoas que pegassem algo para ele de um lugar alto ou do chão, ele começara a tentar fazer isso sozinho. Até passou a admitir que gostava de algumas meninas da sala — todas elas tinham se apaixonado por Haatchi, claro —, e pediu a Colleen para escrever uma carta a uma delas para ele.

Era como se Little B tivesse descoberto a própria independência ao ver Haatchi descobrir a dele.

Suas habilidades acadêmicas também aumentaram drasticamente, sobretudo em inglês e matemática, e Owen passou de abaixo da média para na média ou acima da média em questão de meses. Os funcionários da escola e seus familiares ficaram igualmente impressionados. Com Haatchi a seu lado, Owen começou a fazer sua lição de casa à noite, e abria o laptop sozinho para treinar exercícios de matemática — explicando tudo a seu cão, que ficava ao seu lado no sofá, inclinando a cabeça como quem tentava entender tudo.

Então, certo dia, Little B fez algo que nem sua família nem os professores poderiam imaginar que ele faria: apresentou-se diante de uma sala cheia de crianças menores e falou sobre sua ambição de conseguir voltar a andar. Owen anunciou que faria isso com a ajuda de seu cão especial. Ninguém pôde controlar o choro.

Todos que testemunharam a mudança em Owen concordavam que ela se devia principalmente a Haatchi. O cão lhe dera um novo nível de confiança que Owen provavelmente não conseguiria ter adquirido com outro ser humano. Eles agiam como uma equipe e trabalhavam juntos dia após dia. Por meio de seu amor puro e sua aceitação, Haatchi ensinara a Owen o verdadeiro significado de amizade.

Menos de um mês após a chegada de Haatchi, Will e Colleen decidiram levar o cão e o garoto ao famoso Crufts Dog Show no National Exhibition Centre, em Birmingham. O patrocinador deles, a Natural Instinct, reservara um estande para promover seus produtos, então o casal se ofereceu para ir prestigiá-los em troca de sua gentileza. Também queriam levar Haatchi para mostrar às pessoas que, embora ele tivesse começado a vida em um estado muito frágil, agora era incrivelmente saudável e melhorava a cada dia, e eles achavam que muito disso se devia à dieta de alimentos crus.

A visita ao NEC seria o maior evento público ao qual Owen já havia ido, com milhares de indivíduos. Em poucas horas ficou claro para todos que Haatchi agradaria todo o público. As pessoas paravam de repente só de olhar para ele. Várias vezes, seus novos fãs cercaram o estande. Perdendo qualquer traço de timidez que podiam ter demonstrado, estranhos se ajoelhavam para abraçá-lo ou até mesmo para fazerem carinho enquanto ele estava deitado no chão.

Nem Will nem Colleen tinham imaginado que ele causaria aquele efeito, e ficaram surpresos ao ver como o público reagiu bem a Haatchi.

Com visitantes lotando o pequeno estande de comida crua, Owen de repente ganhou a missão em período integral de explicar a todos o que havia acontecido a Haatchi. Ele logo passou a ser tão procurado quanto seu cão, enquanto conversava com todos e posava feliz para fotos com seu novo amigo. O menino chegou até mesmo a dar algumas entrevistas à imprensa. Ao observá-lo, Will e Colleen mal conseguiam acreditar que aquele era o mesmo garotinho que antes mal conversava em público.

"Foi quando tudo começou", Colleen lembrou. "Era como se Little B fosse um botão esperando a luz e o amor de Haatchi para florescer. Até aquele momento, ele estava no mundo, mas não era do mundo. Apenas uma pequena parte dele era visível e conhecida para as pessoas. Haatchi tornou possível que o mundo todo visse o menino lindo que Owen Howkins é."

Aconteceram muitas outras surpresas agradáveis naquele dia. Suzanne Syers, da UKGSR, que ajudara a orga-

Haatchi & *Little B*

nizar o "resgate" de última hora de Haatchi do Hospital Harmsworth, passou para vê-los no estande. E ficou muito feliz por finalmente conhecer o enorme cão de três patas que ajudara a salvar, e a nova família dele ficou encantada em poder agradecer pessoalmente a ela.

Em um estande na frente do deles, no Crufts, havia uma massagista de cães chamada Joanne Cleeve, que abrira a própria empresa, a K9 Rehabilitation, havia pouco tempo, em Oxfordshire. Ela se aproximou para ver Haatchi e imediatamente se apaixonou pelo cão de olhos cor de âmbar. Perguntou se podia massageá-lo e Haatchi reagiu como se já fosse cliente dela e de suas mãos curadoras. Quando se deram conta, Will e Colleen tinham ganhado massagens grátis ou com desconto para Haatchi sempre que ele fosse a uma das apresentações de cachorros das quais ela participava, só para mostrar às pessoas como a massagem ajuda.

Haatchi recebeu outra visita surpresa: Ross McCarthy, da Dogs and Kisses, que gentilmente o acolhera. Os dois ficaram muito felizes de se reencontrar. Ross se ajoelhou e Haatchi deitou-se, roncando baixinho em seu colo.

Haatchi ainda estava aprendendo a andar com uma pata a menos. Ter só três começava a se mostrar complicado para as patas restantes. Ele tinha uma pequena bota de couro para sua pata traseira que lhe dava mais estabilidade e o ajudava muito, principalmente quando ele queria se levantar. Will e Colleen tinham instalado piso laminado no chão para Owen, porque proporcionava maior habilidade para ele se movimentar em seu andador e manobrar sua cadeira de rodas, e também porque o carpete piorava seus problemas respiratórios. Mas pisos lisos não eram ideais para um cão de três patas.

Mas por ser o guerreiro que é, não demorou muito para Haatchi se adaptar a seu novo ambiente e a sua nova condição, e ele se ajustou muito bem. Até aprendeu a passar o corpo enorme pela portinha para cachorros que o casal instalara na porta de trás para Mr. Pixel. Colleen pegou a câmera e conseguiu filmar o pastor-da-anatólia quando sua cabeça e seus ombros passavam pela abertura (fazendo a aba de plástico voar). Então, ele rapidamente passou, primeiro uma pata e então a outra, antes de escorregar o resto do enorme corpo pela passagem. Eles não conseguiam acreditar no que tinham acabado de ver.

Por mais esperto que fosse, ele continuava sendo um cão grande e pesado (que ficava mais pesado a cada semana), e sua espinha começou a entortar conforme ele se posicionava na pata de trás mais para o meio e a virava para fora para ter mais apoio. Por recomendação de seu veterinário, Will e Colleen o levaram ao Centro de Reabilitação e Hidroterapia Veterinária Greyfriars, em Guildford, onde os funcionários souberam da história de sobrevivência e gentilmente se ofereceram para ajudar. Eles reduziram pela metade os custos das sessões de hidroterapia de que ele precisaria duas vezes por semana e, em um mês, Haatchi estava nadando sem ajuda, mantendo o equilíbrio sozinho pela primeira vez enquanto os músculos principais eram fortalecidos.

"Algo em Haatchi induz as pessoas a fazerem coisas incríveis", disse Colleen. "Todos querem compensá-lo pelo que aconteceu. Por ter visto o pior da humanidade, ele desperta o melhor dela nas pessoas."

Ela continuou a divulgar notícias do progresso dele no Facebook, onde Haatchi ainda vinha acumulando centenas de novos seguidores conforme sua incrível história se espalhava. Ele começou a aparecer na imprensa local e nacional, o que só abriu mais portas. Presentes e brindes começaram a chegar para Haatchi e para Little B pelo correio.

Owen sempre adorou receber cartões-postais, desde que a mãe de Colleen, Kathryn, enviara um da Nova Zelândia, por isso, ele ficou muito animado ao receber mais cartões dos fãs dele e de Haatchi do mundo todo. Uma família americana de Idaho enviou-lhe um mapa-múndi em tecido, então Will criou com ele um "mapa cartão-postal" e o pendurou na parede de Owen, e ali marcava cada novo país. O Reino Unido e a Europa foram rapidamente preenchidos com alfinetes coloridos, então, quanto mais exótico o cartão, melhor. Will chegou a abrir uma caixa postal especial para Owen para que o carteiro não ficasse sobrecarregado.

Mais gestos gentis ocorreram quando Jenny Lewis, quiroprática de cães, entrou em contato com a família e se ofereceu para cuidar de Haatchi usando o tratamento quiroprático de McTimoney. Haatchi relaxou totalmente durante o procedimento, e Will e Colleen ficaram encantados ao ver seus olhos se fecharem de prazer sempre que Jenny manipulava as partes tensas de sua espinha.

Owen, por sua vez, estava adorando ver outro alguém recebendo toda a atenção médica na família, para variar um pouco — apesar de estar tendo problemas conforme sua situação física se agravava.

Mental e emocionalmente, ele estava muito melhor, mas os problemas de respiração não apresentavam progresso, e Owen desenvolveu um problema de refluxo ácido. Felizmente, ele tinha Haatchi para distraí-lo.

Tocado pela generosidade de todos aqueles que se ofereceram para ajudar seu mais novo cão resgatado, Will e Colleen começaram a participar de mais exposições caninas com ele e Little B para ajudar os muitos amigos novos e patrocinadores. Nos meses seguintes, eles compareceram ao Bark in the Park, em Basingstoke, ao Discover Dogs, em Earls Court, ao Paws in the Park, em Maidstone, ao Egham Royal County Show e a muitos outros eventos beneficentes, incluindo, obviamente, o Royal Air Force Family Day na base da RAF de Odiham. Cada passeio era muito divertido, com Haatchi e Owen chamando toda a atenção, e o pastor-da-anatólia ganhando muitos prêmios, desde "Melhor Resgate" a "Melhor Amigo".

Owen adorava exibi-lo, e os passeios deles juntos eram muito bons para ensinar ao menino e ao cão como socializar. E não era só Little B quem parecia se beneficiar com a presença de Haatchi. Will e Colleen também notaram uma grande mudança no modo como as outras pessoas olhavam ou até falavam com Owen. Era como se ter um cão aleijado ao lado dele o tornasse, de certo modo, mais acessível.

Durante o verão dos Jogos Olímpicos de Londres, em 2012, Will tirou três semanas de folga do trabalho para ficar em casa com Owen e poder assistir aos jogos na TV todos os dias. Little B até teve permissão para ficar acordado para ver a cerimônia de abertura, com o braço ao redor do pescoço de Haatchi o tempo todo.

Então as Paralimpíadas começaram e Will notou como seu filho ficava fascinado e impressionado com todos aqueles que tinham superado suas deficiências e se tornado esportistas que inspiravam outras pessoas. Pelo site Tickets for Troops, Will conseguiu assentos para eles em alguns eventos. Eles levaram junto a sobrinha de Will, Molly, de 6 anos, para assistir a uma partida de bocha (apenas bolas macias são usadas). Little B adorava esses jogos, e ficou totalmente envolvido por todo o evento. Will acreditava que isso lhe ensinava muito sobre ser independente e se tornar uma pessoa capaz, independentemente do fato de usar uma cadeira de rodas. A família também sentiu que era bom para Molly estar naquele ambiente e ver como indivíduos com necessidades especiais podem levar vidas normais.

Em agosto, Haatchi recebeu o prêmio Top Dog na competição Give Your Dog a Bone, da Drontal. O corpo de jurados o escolheu entre centenas de concorrentes porque, disseram, ele "se destacava", e acrescentaram: "A incrível história por trás da sobrevivência de Haatchi e sua família igualmente admirável que o adotou são ótimos exemplos do elo especial que os cães têm com seus donos."

A família decidiu doar seus prêmios, que incluíam uma câmera filmadora e um voucher de férias no valor de mil libras, para a Make a Wish Foundation, que ajuda crianças com doenças graves, e eles foram leiloados num evento beneficente no Dorchester Hotel, em Londres.

No evento Pup Aid, em Primrose Hill, Londres — criado para chamar atenção para as práticas horrorosas da comercialização de filhotes em fazendas de criação —, Haatchi ganhou o prêmio de Best in Show, e a recompensa, dessa vez, foi um quadro de Sara Abbott, uma artista famosa por fazer retratos de animais. Sara costuma oferecer aos vencedores dos prêmios um retrato quadrado de 60 cm, de cabeça e ombros, mas quando conheceu o cachorro que já tinha alcançado o tamanho de um pônei Shetland, soube que precisaria pensar em escala muito maior. Assim, ela decidiu, naquele momento, que o quadro tinha que ser de corpo inteiro, porque a força por trás da história de Haatchi era a pata amputada. Sara pintara centenas de cães em sua carreira, mas, como muitas outras pessoas, ela sentiu que nunca havia conhecido um animal como Haatchi. "É como se ele fosse um ser humano com corpo de cachorro", disse ela. "Ele parece compreender tudo."

Sara visitou a casa da família e tirou muitas fotos nas quais basearia seu trabalho, mas foi quando Haatchi ouviu a voz de Owen em um dos lados do jardim e se virou que ela tirou a foto na qual baseou o quadro de 1 m². Quando ele foi finalizado, a família viajou até sua casa em Brighton para a grande revelação acompanhados do veterinário de TV Marc Abraham (que organizou o Pup Aid), e Owen e Collen começaram a chorar quando viram o que Sara havia feito. *Observando Owen* agora fica em um lugar de honra na sala de estar da família, e é admirado por todos que o veem. Haatchi e Little B até fizeram cartões de visita com o retrato.

Em setembro de 2012, Owen começaria na escola fundamental em Basingstoke, lugar que tinha fácil acesso para cadeiras de rodas e fora cuidadosamente escolhido para permitir que ele fosse tratado normalmente, e não em um ambiente especializado.

Owen não teria mais nenhum de seus colegas da escola primária estudando em sua sala. Além disso, dois assistentes de crianças com necessidades especiais estariam a seu dispor para ajudá-lo, revezando-se nos turnos da manhã e da tarde. Essas mudanças faziam com que todos se perguntassem como o garoto, que ainda tinha seus momentos de timidez, reagiria em um ambiente novo e desconhecido.

Disposta a ajudar Little B o máximo possível, sobretudo no que dizia respeito a manter o mesmo ritmo de seus colegas de classe, Colleen criou um plano para arrecadar dinheiro para uma cadeira de rodas elétrica de última geração para ele usar em sua nova escola. A ideia surgiu em um sonho. "Eu empurrava Owen em sua cadeira de rodas NHS horrível, mas havia um espaço para moedas no braço. Enquanto caminhávamos, as pessoas vinham e colocavam uma libra na abertura. Sempre que faziam isso, a cadeira de rodas se transformava em algo cada vez melhor, até virar uma cadeira de rodas elétrica de primeira linha."

Colleen acordou cedo na manhã seguinte e disse a Will que organizaria uma caminhada de uma libra para arrecadar entre 8 mil a 12 mil libras, o dinheiro de que eles precisariam para a nova cadeira, dependendo da especificação. Ela calculou que se todos os amigos (e os seguidores de Haatchi no Facebook) doassem uma libra, eles poderiam, pelo menos, conseguir o suficiente para dar a entrada. Seu objetivo era caminhar do Hospital de Southampton até a cidade natal deles, Basingstoke, uma distância de 50 km, em um dia.

Graças à surpreendente generosidade dos colegas, Colleen e Will receberam um grande incentivo com as notícias de uma doação de 5 mil libras para custear a nova cadeira de rodas. Então, quando Colleen criou uma nova página de eventos no Facebook para a caminhada beneficente, eles foram inundados de doações. Ela pedira a todos que doassem uma libra, mas algumas pessoas enviavam até trezentas libras de uma vez, e de lugares distantes, como os Estados Unidos. No começo, ela pensou que tivesse escrito o número errado, por isso entrou em contato com todos os doadores individualmente para dizer que só estava pedindo uma libra de cada. Todos eles afirmaram que tinham entendido perfeitamente, mas queriam que eles ficassem com o dinheiro extra mesmo assim. Colleen ficou encantada.

A caminhada estava planejada para dezembro de 2012, e o casal havia arrecadado as 3 mil libras extras de que precisavam bem a tempo. Então, a empresa da cadeira de rodas informou que eles receberiam um desconto do governo, porque Owen tinha registro de cidadão com necessidades especiais, e isso daria ao preço uma redução

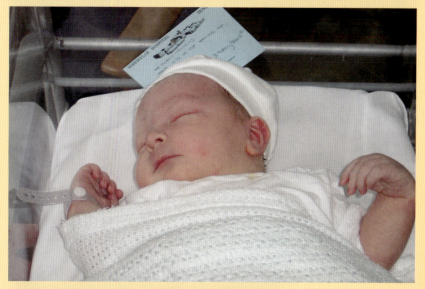

Acima Owen recém-nascido no hospital.

À esquerda Owen com sua mãe, Kim.

Abaixo Aos 5 anos, de férias com a vovó Sara e o vovô Hugh.

Acima A primeira noite de Haatchi na Dogs and Kisses.

Abaixo Haatchi e seu novo amiguinho.

Quem disse que tamanho é documento?

ACIMA Owen em sua posição costumeira durante o primeiro passeio de Haatchi.

ABAIXO Owen e Haatchi testam sua nova cadeira de rodas na neve.

À ESQUERDA Retrato de Haatchi, por Sara Abbott.

ABAIXO Haatchi ajuda Little B na lição de casa.

INFERIOR Haatchi descansando em seu trabalho como arrecadador de contribuições.

Acima Alguém disse comida?   **Abaixo** Somos celebridades, nos tirem daqui.

Amigos inseparáveis.

Haatchi ensinando yoga para cães a Owen.

À esquerda O cabo Howkins e seu melhor amigo.

Acima Hora de Little B e seus amigos peludos dormirem.

Abaixo Cafuné de boa-noite nos dorminhocos.

Little B pronto para sua próxima cirurgia.

Jurado veterano de competições caninas.

Hora de ler nossos cartões-postais. Acho que vamos precisar de nossa própria caixa postal, papai!

ACIMA Colleen, a madrasta orgulhosa.

À DIREITA Agora sou um astro do rock!

À ESQUERDA Nigel Morris, o supervisor da linha férrea que foi a primeira pessoa a encontrar Haatchi.

Reencontro com Siobhan, a inspetora da sociedade protetora dos animais que resgatou Haatchi.

Acima No sofá do *This Morning* com Phillip e Holly.

Abaixo Vencendo o prêmio Friends for Life, no Crufts.

À ESQUERDA
Haatchi espalhando alegria na esteira aquática.

ABAIXO
Alguém quer dar um mergulho? Com Angela Griffiths e Jessica Blackman.

Exibindo o novo colete.

Acima O primeiro dia em pé.

Abaixo Operação ai, ai.

Acima Quantos astros do rock você conhece? Com Brian May.

Abaixo Vencedores do prêmio Braveheart, com Rupert Grint.

O noivo orgulhoso e seu padrinho.

O final mais feliz de todos.

A noiva e o noivo com seus dois padrinhos.

inesperada de 20%. Com essa informação, Colleen fez um anúncio no Facebook pedindo às pessoas para pararem de mandar dinheiro, mas muitos dos seguidores ficaram tão impressionados com sua honestidade que continuaram doando mesmo assim.

No fim, Colleen e Will doaram o valor extra de 1.068 libras que arrecadaram para a instituição de caridade Starlight, que oferece passeios diurnos e presentes para crianças com doenças terminais e para suas famílias.

Em preparação para a caminhada, Colleen e Will fizeram camisetas com os dizeres "Never Walk Alone" [Nunca caminhe sozinho]. Nas costas, havia a frase "It's Not How Many Legs or Wheels. It's Who Journeys With You" [Não importa o número de pernas ou de rodas. O que importa é quem anda com você].

Uma nova amiga concordou em fazer uma fornada especial de bolinhos com a cara de Haatchi para distribuírem pelo caminho, mas no último minuto ela se recusou a receber o dinheiro, porque ganhara 500 libras inesperadamente em um sorteio de caridade e disse acreditar que sua sorte se devia ao "carma de Haatchi".

Colleen foi acompanhada na caminhada por dois amigos, Laura Edmonston e Max Rafferty, namorado de uma de suas amigas mais próximas, Lisa Ford. Will, Haatchi e Little B se uniram a eles periodicamente para dar apoio moral. Outros amigos, seus filhos e cachorros, os incentivaram ao longo do trajeto. Enquanto isso, os doadores podiam acompanhar o progresso no Facebook e no YouTube, e quando a caminhada terminou — com pés cansados, mas corações leves —, Haatchi e Little B estavam esperando Colleen e seus amigos no Hospital de Basingstoke.

A nova cadeira de rodas de Owen era uma surpresa para ele, que imaginava que fariam apenas uma visita de rotina para pegarem os alimentos crus de Haatchi na loja Natural Instinct. Will filmou o momento em que seu filho foi convidado para tirar o lençol branco que cobria a cadeira, e ele conseguiu fazer closes do garotinho admirado ao ver sua incrível cadeira nova.

Pintada de azul-neon, com pneus reforçados para terrenos mais difíceis e equipamento de primeira linha, a máquina tinha luzes, indicadores e também uma barra, buzina, cinto de segurança e uma placa personalizada com o nome de Owen.

Depois de seu primeiro passeio pelo quarteirão (com Haatchi sempre a seu lado), Little B sorriu e aprovou sua nova cadeira. "Totalmente incrível!", disse ele.

A família toda esperava que ela fosse dar o incentivo de que ele precisava para se ajustar à escola e ao que seria, sem dúvida, uma fase nova e assustadora de sua vida.

5

*"Ele é seu amigo, seu companheiro, seu defensor, seu cão.
Você é a vida dele, seu amor, seu líder. Ele será seu,
leal e verdadeiro, até a última batida de seu coração.
Você deve a ele ser digno de tamanha devoção."*
Autor desconhecido

No primeiro dia de aula de Little B na escola nova, Will e Colleen levaram Haatchi no banco de trás do carro para que Owen pudesse exibi-lo. O cão peludo de três patas atraiu muito interesse, o que a família ficou contente de ver.

Os amigos da nova escola de Owen tinham a idade perfeita para aprender sobre necessidades especiais e cuidado com os animais, e Colleen ficou bastante impressionada com a reação deles quando Haatchi balançava a cauda e falava com eles na linguagem de Scooby-Doo. Ela sempre quis treinar Haatchi para ser um cão terapêutico, e quanto mais via como as pessoas reagiam a ele, mais determinada se sentia a seguir esse caminho.

O casal deixou Owen aos cuidados de sua nova professora, torcendo pelo melhor. Mas ele voltou para casa chorando naquele dia, e eles ficaram preocupados, claro. Temendo que alguém tivesse magoado seu filho, Will perguntou o que acontecera quando ele enterrou o rosto no pescoço de Haatchi.

"Não gosto de todas as meninas dizendo que sou fofo!", Little B choramingou.

Will e Colleen tentaram não rir.

Eles logo descobriram que quando as meninas da escola diziam que ele era fofo, Owen achava que elas estavam se referindo ao fato de ele ser pequeno. Precisaram de uma semana para acalmá-lo, e Will teve que explicar que fofo não era algo ruim.

"Quem dera que as meninas da minha escola tivessem me achado a personificação da fofura!", insistiu ele.

Pouco tempo depois, no entanto, Owen estava amando sua nova escola, também porque os funcionários e os amigos o adoravam. Descobrindo seu ótimo senso de humor, ele adotou uma postura engraçada, e logo fez muitos amigos que o protegiam o tempo todo.

Assim como seu pai, Owen gostava de coisas relacionadas à tecnologia, e se saía muito bem principalmente em matemática, inglês e artes, e também em leitura e francês. Dentro e fora da sala de aula, Little B fez bons amigos, e todos pareciam felizes em ajudá-lo.

Suas duas assistentes, a Srta. O'Hagan e a Sra. Hayward — cujos custos eram divididos entre a escola e a prefeitura —, se revezavam para ajudá-lo a fazer as coisas que ele

Haatchi & *Little B*

não conseguia, como usar o banheiro ou pegar algo fora de seu alcance. Will as havia alertado para que não deixassem que Owen se aproveitasse disso, porque era importante que ele continuasse aprendendo a ser independente.

Por ter frequentado uma escola religiosa, Will inicialmente quis que Owen frequentasse uma também, mas a mais próxima da casa deles não era adaptada para cadeirantes, e teria sido "um pesadelo de logística" para Owen. Sua nova escola era muito mais adequada, e desde o princípio os funcionários fizeram muito por Owen. Em poucos dias a família percebeu que havia feito a coisa certa. Todos sempre enfatizaram que Owen agia de maneira completamente normal, com exceção de seus espasmos musculares, e era importante que ele fosse tratado como qualquer outro garoto. Ele tinha alguém para ajudá-lo com seus problemas específicos e, com a nova cadeira de rodas, era capaz de acompanhar os outros alunos.

E como qualquer outro garoto, ele precisava ser lembrado para se comportar, fazer sua lição de casa, comer legumes e não ficar acordado até tarde nos dias de semana jogando jogos no computador.

Até mesmo Haatchi, tão meigo, tinha que ser repreendido algumas vezes. Apesar de adorar gente e se dar bem com desconhecidos, comportando-se bem até mesmo em locais cheios, sua origem de cão de guarda da Anatólia fez com que ele começasse a latir para qualquer um que passasse pela casa — principalmente quando ele estava com o focinho pressionado contra o vidro, esperando Owen. Seu instinto era proteger a família, e, por isso, também latia para qualquer cachorro — sobretudo para os nervosos e agressivos — que visse como ameaça. E seu latido, alto como uma sirene, costumava bastar para afastar os cães (e seus donos).

Colleen se preocupou com os latidos no começo, até uma criadora de pastores-da-anatólia, que eles tinham conhecido no Crufts, a tranquilizar. Ela disse que toda a atenção que Haatchi vinha recebendo só podia ser boa para a raça, que estava em risco de entrar para uma lista do governo de cães perigosos devido a suas tendências de guarda. Ela esperava que a natureza reconhecidamente meiga de Haatchi pudesse salvar os incompreendidos pastores-da-anatólia.

O modo calmo como ele costumava se comportar perto das pessoas (com exceção das que passavam por sua janela) convenceu Will e Colleen de que, embora ninguém tivesse aparecido para reinvidicar o pastor-da-anatólia, Haatchi deve ter tido amor e afeto em algum momento de sua vida de filhote. O fato de ele parecer saber sobre a gentileza humana fez Colleen acreditar que Haatchi passara as primeiras semanas de vida em um local onde era amado, principalmente por crianças, a quem sempre reagiu muito bem. Ela suspeitava de que algo tivesse acontecido depois disso: talvez ele tivesse crescido demais e se tornado muito bagunceiro, ou os custos para mantê-lo fossem muito altos, e ele foi doado ou roubado. Infelizmente, Haatchi acabou nas mãos do homem que o levou para os trilhos do trem e o tratou com tanta crueldade. Mas ela e Will se recusavam a alimentar pensamentos vingativos. "Eu acre-

Haatchi & *Little B*

dito em carma, e estar com Haatchi só reforça essa ideia. Coisas boas parecem acontecer a todos que o ajudam, inclusive nós. Só espero que a pessoa que fez isso com ele veja quantas vidas foram mudadas para melhor com a sua chegada. O cão que aquele homem tentou matar está tendo a vida mais maravilhosa do mundo e levando alegria e conforto aos outros, principalmente a Little B. Ele pode ter planejado acabar com aquela vida, mas o tiro saiu totalmente pela culatra", disse Colleen.

Graças à atitude ensolarada de Haatchi, a família só se concentrava nas coisas positivas. Como eles disseram, se Haatchi não tivesse sido tratado com tanta crueldade, ele e Owen nunca teriam se encontrado e salvado um ao outro. No momento, graças a ele, os dois podem melhorar a compreensão e conscientizar o mundo a respeito da síndrome rara de Owen, e também a respeito das necessidades especiais e dos cuidados com os animais de modo geral. Para eles, a diferença que Haatchi fez na vida de Owen não é nada menos do que um milagre, e em vez de não dar valor a isso ou de guardar isso para si, eles têm tentado muito tornar disponível esse mesmo fator positivo para outros indivíduos, envolvendo-se em muitos eventos de caridade — também para o bem de Owen — e treinando Haatchi para ser um animal terapêutico.

O treinamento de Haatchi como um dos 5 mil cães do Pets as Therapy (PAT) do Reino Unido começou quando ele tinha apenas alguns meses de vida. Depois de passar pela avaliação de saúde, de temperamento e de adequação, Colleen ensinou-lhe alguns comandos básicos, como "senta", e como pegar um petisco de modo educado. Haatchi aprendeu com muita naturalidade. Então, ela passou a emitir sons altos perto dele — incluindo estourar balões, derrubar objetos pesados e tocar a campainha — para garantir que ele reagisse com calma. Haatchi nunca se alterou e sempre mantinha seu modo relaxado de ser.

Graças à ida frequente deles a vários eventos de caridade e exposições de cães, além de um número cada vez maior de seguidores no Facebook e no Twitter, a família começou a receber pedidos para Haatchi visitar pessoas doentes e feridas. Uma senhora que se aproximou deles no Crufts estava muito mal e usava uma cadeira de rodas, mas quando viu Haatchi no evento seu sorriso "teria sido capaz de iluminar Londres".

Outra admiradora foi uma garotinha de Southampton, que se apaixonou por Haatchi quando o conheceu em uma exposição de cães e começou a segui-lo no Facebook. Mais tarde, Colleen soube que a garota seria internada para uma cirurgia importante, então perguntou aos pais da menina se ela ficaria feliz se Haatchi fosse visitá-la. Eles concordaram de imediato.

Oficialmente, Haatchi ainda tinha que ser registrado como cão do PAT antes de poder ir a hospitais e casas de repouso, devido ao risco à segurança pública. O sistema toma precauções para ligar o cachorro certo ao local e ao paciente certos, dependendo do tamanho e do temperamento do animal. Mas, disposta a animar a menininha doente, Colleen levou Haatchi ao hospital onde ela estava

Haatchi & *Little B*

internada na esperança de que ela pudesse ao menos vê-lo da janela do quarto. Quando eles pararam na entrada do hospital, muitas pessoas se aproximaram para acariciá-lo. Ao olhar pela janela, a freira da ala onde a menininha estava internada viu o que estava acontecendo e disse ao pai da garota que Colleen podia subir com Haatchi. Ela respirou fundo e disse a Haatchi: "Certo, amigo, vamos ver como você se sai nessa situação!" O piso do hospital era muito polido, mas ele conseguiu caminhar. Quando entrou na ala, foi direto até a cama da menina e delicadamente encostou o focinho em sua mão, justamente como fizera ao conhecer Owen. Os pais da garota tiveram que contê-la para que ela não saísse da cama para abraçá-lo.

Colleen deu à menina um colar de borboleta e um perfume, e depois de alguns dias, eles souberam dos pais que ela havia se recuperado bem para poder ir para casa por um tempo. Todas as demais crianças na ala também queriam ver Haatchi, incluindo um garotinho que mal conseguia erguer a cabeça, mas que mesmo assim deu um sorriso enorme ao ver o cão de três patas.

A experiência foi intensamente emocionante para Colleen, que disse que até aquele dia tinha uma visão "de contos de fadas", na qual as crianças melhoravam só de ver Haatchi. A realidade era que, para algumas delas, nada ajudava. O interessante era que, apesar de quase todas as crianças ficarem felizes ao vê-lo, eram os pais delas que mais pareciam tocados por ele, como se Haatchi lhes desse férias de cinco minutos, durante as quais não tinham que se preocupar com os filhos. Haatchi também se mostrou uma boa distração para os funcionários, até mesmo para uma enfermeira que até então morria de medo de cachorros.

Ao verem a alegria que ele espalhava, Colleen e Will continuaram a visitar todos que na região metropolitana de Londres podiam se beneficiar da presença de Haatchi. Ele era especialmente bom em melhorar o ânimo dos idosos e das pessoas acometidas por ansiedade e depressão. Eles sentiam que estavam levando o sorriso ao rosto de inúmeras pessoas.

Em outro local, Haatchi teve um efeito drástico em um menino de 9 anos com distúrbio de déficit de atenção (DDA). Os olhos do menino não paravam de se mexer para a direita e para a esquerda, e ele não conseguia parar quieto; mas, ao ver Haatchi, o garoto se acalmou tanto que sua mãe começou a chorar, porque havia anos que não o via tão contente.

Will, por ter entrado em combate no Afeganistão e no Iraque, queria que ele trabalhasse com veteranos feridos em ação, pois vários de seus colegas tinham sido feridos. Apesar de ter noção de que a terapia com a ajuda de animais era um auxílio na recuperação de feridos, Will já fora um pouco descrente, mas ao ver o efeito de Haatchi em Owen, entendeu que havia mesmo algo de verdadeiro naquilo.

Will achava que o cão seria especialmente terapêutico para pessoas que tinham perdido membros em ação. Por terem conhecido alguns amputados em eventos de caridade e exposições de cães — incluindo um que lhe agradeceu

Haatchi & *Little B*

por ter mantido Haatchi vivo, antes de levantar as pernas da calça e orgulhosamente mostrar suas próteses —, Will e Colleen viram como eles reagiam bem ao cachorro de três patas. O sonho deles era poder levá-lo ao Headley Court, em Surrey, e ao Help for Heroes na Tedworth House, em Wiltshire, dois dos principais hospitais de reabilitação na Grã-Bretanha.

Até então, Haatchi fora um visitante regular e bem--vindo em uma casa de repouso da região e em um hospital que não ficava longe de casa. Em uma das visitas, ele se aproximou mancando de um soldado que só tinha um braço, pois perdera o outro braço e as pernas, e se abaixou ao lado dele. Os funcionários disseram que o homem estava muito deprimido, mas que ficou encantado com o cão que Colleen e Will descrevem como "nosso monstro fofo e peludo", e depois de alguns minutos vendo como Haatchi se adaptara ao fato de ter só três pernas, ele ficou bastante contente.

As notícias da história de Haatchi e do efeito dele sobre as pessoas logo se espalharam, e em outubro de 2012, ele foi indicado a um prêmio especial da International Fund for Animal Welfare (IFAW), uma das maiores instituições de caridade animal do mundo. Quem o indicou foi Jez Rose, especialista em comportamento e palestrante motivacional que havia trabalhado com Colleen em um seminário e se emocionara muito com a história de Haatchi. Robbie Marsland, o diretor da IFAW no Reino Unido, disse: "Quando soubemos da incrível história de sobrevivência de Haatchi e do relacionamento muito especial que ele tem com Owen, soubemos que ele tinha que ser nosso Animal do Ano."

A apresentação foi feita na Câmara dos Lordes, no Animal Action Awards, pela baronesa Anita Gale. Haatchi recebeu seu troféu de Brian May, o guitarrista da banda Queen, que se tornou tão famoso por sua preocupação com a causa animal quanto por ser um astro do rock. Colleen o considerou ótimo com Haatchi e com Owen, que agiu como se conhecesse uma lenda do rock todos os dias. A família recebeu tratamento de superestrelas e Little B se sentiu o dono do mundo. Ele se sentou à cabeceira da mesa e todos vieram falar com ele, inclusive a Lord Speaker, e a celebridade da TV e observador de pássaros Bill Oddie. Após o evento, a imprensa tirou fotos no Riverside Terrace, e Owen exibiu seu grande troféu de vidro. Foi um dia do qual a família nunca vai se esquecer.

Em casa, a recuperação incrível de Haatchi continuava a surpreender seu veterinário e ia contra todas as previsões negativas a respeito de como ele viveria com uma perna a menos. Um ano após o resgate ele se tornara tão ágil com três patas que conseguia correr junto com Mr. Pixel e os outros cães de Colleen. Em condições ótimas, com o caminhar ajustado e a força que tinha, parecia não existir nada que Haatchi não pudesse fazer.

A família iria voltar ao Crufts em março para apoiar seus amigos e patrocinadores, e ficou bem feliz quando Haatchi foi indicado ao prêmio Friends for Life, decidido pelo voto do público. Escolhido para a final dentre mais de 20 mil cães, Haatchi competiu com quatro outros animais de estimação, todos eles selecionados pela dedicação a seus donos ou pela coragem. Entre eles, estava Brin, um afegão abandonado, que latira para alertar dois soldados para uma bomba na estrada que os teria matado, e sobreviveram depois de serem capturados pelo Talibã. Havia também Janus, um pastor-belga malinois, que ajudou a apreender mais de quatrocentos criminosos como cão policial em West Midlands. Daisy, uma bulmastife, ajudara uma família a se recuperar depois da perda do filho de 6 anos; e Max e Ziggy — dois cães de assistência — ajudaram seus donos a encontrar amor.

Owen ficou encantado por seu cão ter sido indicado, e ainda mais animado quando — por terem chamado a atenção do público — ele e Haatchi foram convidados para aparecer no *This Morning* com Holly Willoughby e Phillip Schofield como parte do Rare Disease Day [Dia Nacional da Doença Rara].

Com a cabeça erguida e o sorriso inescrutável, Owen disse às câmeras: "Eu costumava ter muito medo de estranhos, mas então Haatchi apareceu e agora não tenho mais. Não conhecia muitas outras pessoas com necessidades especiais e me sentia o esquisito da turma, o que me deixava muito triste. Mas quando vi Haatchi e como ele é forte, apesar de ter só três patas, eu também fiquei mais forte. Eu amo muito ele." Holly e Phillip ficaram encantadíssimos e desejaram-lhe toda sorte no Crufts.

Os organizadores da competição criaram vídeos curtos apresentando cada um dos finalistas para que o público pudesse fazer sua escolha e votar por telefone. Owen se sentou no sofá ao lado de seu cão especial, abraçou-o e apresentou "Meu melhor amigo, Haatchi".

O país se derreteu.

A duquesa de York, mais tarde, enviou uma pelúcia de um corgi do Palácio de Buckingham e muitos cartões de bons votos, com brinquedos e guloseimas.

E então, veio o desastre. Em uma noite fria de fevereiro, um mês antes de a família ir ao Crufts para descobrir quantas pessoas tinham votado em Haatchi, ele estava brincando com Mr. Pixel, correndo atrás dele, e passou pela aba da porta. No jardim, Haatchi escorregou em gelo negro. Colleen e Will ouviram uma batida forte e um gemido. Correram para fora e encontraram Haatchi deitado no chão olhando para eles com cara de coitado. Naquele momento, Colleen temeu que ele tivesse quebrado a coluna.

O casal ajudou o cachorro enorme a entrar em casa, o envolveu em toalhas e o deitou em sua cama grande e acolchoada com seu brinquedo de pelúcia preferido, o ouriço Harold (presente de um de seus admiradores, o único que ele não havia rasgado). Haatchi mal se moveu por dois dias, e Colleen e Will postaram on-line que ele tivera o que eles chamavam de um "ai, ai". O veterinário que o examinou primeiro disse que na certa Haatchi havia escorregado, porque torcera os músculos abdutores, da barriga e do peitoral. Também tinha machucado a pata de trás e torcido as da frente. Ai, ai, mesmo.

Owen se deitava na cama de Haatchi e abraçava o amigo ferido sempre que podia. Will e Colleen costumavam flagrá-los em conversas reservadas aos sussurros, que Little B deixava claro que eram totalmente restritas aos dois. Ele sabia como era sentir dor — aprendeu ao longo da vida —, e como os dois sempre tinham aceitado as diferenças um do outro, agora eram uma equipe trabalhando unida para superar os problemas que enfrentavam.

Mesmo após o inchaço nos músculos de Haatchi ter cedido, a família foi alertada pelo veterinário de que seriam necessárias várias semanas para que ele se recuperasse. Em um momento em que eles estavam economizando muito dinheiro para o casamento em agosto, Will e Colleen foram informados de que Haatchi precisaria fazer hidroterapia e outros tratamentos caros. Para começar, ele não poderia nem mesmo sair para passear, e depois passaria semanas, ou meses, fazendo apenas exercícios leves. Sua casa se tornaria um grande canil, o que significava que eles voltavam ao primeiro passo com Haatchi, como no ano anterior.

Apesar de sua boa disposição, Haatchi se tornou visivelmente deprimido por estar preso em casa. Ele "uivava como nunca" sempre que Will ou Colleen saíam para passear com Mr. Pixel ou outros cães, e ficava chorando na janela. Era de partir o coração para todos os envolvidos.

Usando um colete que eles tinham comprado para ajudar a levantá-lo e aguentar seu peso, Will acabou permitindo que Haatchi fosse ao quintal na coleira, o que o animou muito. Assim, conforme seus ferimentos foram sarando, ele pôde ir até a casa ao lado para cheirar a grama, e então até a seguinte, e assim por diante.

O casal o levou de volta para sessões de hidroterapia, e Haatchi também fez tratamento com ultrassom e acupuntura com a terapeuta Susanna Alwen. Sempre que as agulhas dela tocavam o ponto certo, Haatchi entrava em um tipo de transe — permanecia deitado e calmo, remexendo-se levemente, com um olhar distante, como se fosse o cão mais relaxado e sem dor do mundo. Colleen tirou uma foto dele no tapete especial de Susanna, as agulhas por todo o corpo, com o que ela descreveu como uma expressão "Om" de satisfação. Depois de sua primeira sessão de acupuntura, Haatchi dormiu por cinco horas direto, e quando acordou, sua atitude foi do tipo "Eba! Estou ótimo!".

"Falando" com eles com sua linguagem especial de cachorro, Haatchi praticamente sorria para a câmera, e — embora ainda tivesse muita reabilitação pela frente — voltou a ser o cachorro que eles conheciam e amavam.

Haatchi ainda não estava recuperado, mas estava bem o suficiente para ir ao Crufts em março com Owen. Ele conheceu muitos outros fãs dedicados, incluindo Jan Wolfe, a mulher que se tornara amiga de Colleen no Facebook pelo interesse que compartilhavam por alimentos crus para cães.

Houve outras boas surpresas também. Ao ver Haatchi com Owen no Crufts, a empresa OrthoPets Europe deu a ele um colete especial modelo "Help 'Em Up", que tinha alças, o que facilitava o trabalho para o colocarem de pé e que também lhe daria maior apoio quando sua pata de trás se cansasse. O diretor administrativo da OrthoPets, Rod Hunt, apaixonou-se pela história de Haatchi e disse que isso era o mínimo que a empresa poderia fazer: eles perceberem que se algo acontecesse com aquele cachorro, a vida de Owen também pioraria depressa. (Haatchi se adaptou bem ao novo colete, e em pouco tempo passou a se animar muito sempre que o via, porque significava que sairia para passear.)

Depois de passar o último dia da competição sendo acariciado e abraçado entre as fotos que tirava com Little B, era hora de Haatchi e sua orgulhosa família esperarem o anúncio formal para saber qual cachorro ganhara o prêmio Friends for Life. Os cinco finalistas e seus donos foram convidados para a arena principal. Will e Colleen ajudaram Haatchi e Owen a ocupar seus lugares sob os holofotes enquanto a apresentadora de TV Clare Balding dava um passo à frente para anunciar o prêmio. Os vídeos curtos de cada indicado foram exibidos, e então todos foram entrevistados ao vivo pela BBC.

"Haatchi me tornou mais confiante", disse Owen baixinho no microfone quando as luzes da TV o iluminaram. Em seguida, ele se retraiu totalmente, mostrando a todos um pouco do menino tímido que já tinha sido.

John Spurling, vice-presidente do Kennel Club, pegou o microfone quando as luzes da casa se apagaram, abriu um envelope especial e anunciou: "Os vencedores do Friends for Life, com 54% dos votos, são... Owen e Haatchi!"

A plateia gritou, comemorando. Owen abriu um sorriso enorme e Will, emocionado, abaixou-se para abraçar e beijar o filho. Eles foram presenteados com um grande vaso de cristal, e então o pessoal da TV se organizou para entrevistar Owen, que segurava o prêmio no colo. Com Haatchi sentado calmamente a seu lado, o garotinho — que no ano anterior teria morrido de medo dos holofotes — ergueu a cabeça, sorriu para as câmeras e disse: "É uma sensação incrível vencer. Estou muito feliz por ter conseguido. Quero agradecer a todos que votaram em mim." Ele acrescentou que Haatchi era "o cão mais inteligente do mundo", e disse, por fim: "Estou mais do que feliz, estou mega, mega, *mega* feliz!"

A dupla recebeu 1.500 libras para doar à instituição de caridade de sua escolha, Naomi House, uma casa de repouso para crianças perto de onde moravam, em Hampshire. Owen também recebeu broches das Olimpíadas, porque ele adorara assistir às Paralimpíadas com seu pai e disse que gostaria de ser um atleta paralímpico um dia.

Ao final desses dias incríveis, Will orgulhosamente levou Little B para uma volta olímpica na arena, com ele acenando para a plateia, que aplaudia, e um enorme sorriso no rosto.

6

"Não há fé que não tenha falhado, exceto a de um cão verdadeiramente fiel."
Konrad Lorenz

No momento em que Owen e Haatchi começaram a aparecer em programas de notícias do mundo todo graças ao Crufts, o cabo Will Howkins tomou uma grande decisão.

Por mais feliz que estivesse por seu filho estar conhecendo um lado totalmente novo da vida graças àquele cachorro maravilhoso, nem sempre era fácil permanecer otimista diante da saúde cada vez mais debilitada de Owen. Os espasmos musculares e o efeito que eles provocavam em sua visão vinham piorando, definitivamente, assim como sua respiração. Como Owen estava sempre com dor, com a visão borrada e sem conseguir se equilibrar, ficava cada vez mais difícil cuidar dele na escola e na recreação onde ele ficava algumas horas por semana depois das aulas.

Ninguém mais sabia dizer com certeza qual era o prognóstico de Owen a longo prazo, porque em poucos anos sua situação piorara muito.

Resfriados e tosses foram um risco para ele desde o nascimento, e ao contrair uma infecção particularmente grave Owen teve que ser levado ao Hospital de Southampton com urgência.

Apesar de Will ter o amor e o apoio de Colleen, e também de sua própria família e da família de Kim, ele começava a ficar mental e fisicamente exausto. Sempre que Kim estava no país, ela conseguia proporcionar a Will momentos de descanso, ficando com Owen em fins de semana ou feriados. Mas ela voltara ao Afeganistão pela terceira vez, e também fora enviada a outro lugar. Tentar equilibrar seu exigente emprego em período integral e os cuidados com Owen começou a pesar, sobretudo por Will precisar acordar seis vezes todas as noites para conferir o fornecimento de oxigênio ao filho.

Colleen começou a temer que o sono interrompido de Will pudesse afetar seu trabalho como engenheiro de propulsão de helicópteros. A vida de muita gente dependia de sua capacidade de fazer as coisas do modo certo, e ele nunca conseguia ter uma noite inteira de sono; na maioria dos dias, Will estava exausto antes mesmo de chegar à base, e às vezes cuidava de oito helicópteros ao mesmo tempo. Colleen temia que estivesse chegando ao ponto de ser quase irresponsabilidade da parte dele continuar.

Ele ainda tinha que levar Owen para a escola, apara suas consultas médicas frequentes e para consultas com o nutricionista e para mais um estudo do sono.

Haatchi & *Little B*

A RAF tinha sido muito compreensiva com a situação incomum de Will em casa, mas ele estava com viagem marcada de novo: uma possível ida à Síria, destruída pela guerra. O casal temia a possibilidade de Will ir a algum lugar perigoso. Também era uma preocupação saber como cuidariam das necessidades de Owen com Colleen e Kim trabalhando em período integral.

Colleen logo começou a acreditar que só havia uma resposta: Will teria que sair da RAF, embora soubesse que essa seria uma decisão muito difícil para ele. Will era enfático ao dizer que ela não deveria deixar seu emprego para cuidar do filho dele em período integral (ainda que ela o tivesse feito se necessário), então aquela era a única saída.

Will poderia ter tentado procurar emprego em outro lugar, mas eles não conseguiam imaginar outro empregador sendo tão compreensivo quanto a RAF, ainda mais com a difícil situação financeira do país. Viver com apenas uma renda seria duro para todos eles, mas Colleen estava convencida de que Will precisava passar os próximos anos com o filho. "O elo entre os dois é lindo, e ninguém sabe quanto tempo eles terão juntos."

Quando ela tentou, pela primeira vez, plantar a semente a respeito de Will se afastar do trabalho por um tempo para cuidar de Owen em período integral, ele resistiu à ideia. Will entrara para a RAF na adolescência, depois de ser inspirado por um tio líder de esquadrão. Will adorava seu trabalho e tudo o que aprendera no caminho. Ele fora promovido havia pouco tempo e esperava chegar ao posto de sargento um dia. Will servira à rainha e ao país dentro e fora da Inglaterra, e não conseguia se imaginar como um "esponja", como ele dizia, vivendo de pensão.

Colleen e a família de Will logo argumentaram que, além de ter dedicado 15 anos às forças armadas — o que por si só já o tornava digno de um descanso —, ele também trabalharia duro o suficiente para merecer qualquer pensão que viesse a receber. Ela esperava que Will finalmente pudesse ter um tempo para si e para fazer o que adorava, pintar e jogar golfe, após seis anos intensos e estressantes desde o diagnóstico de Little B.

Enquanto Will ainda estava agoniado decidindo o que fazer, Colleen perguntou-lhe: "O que você realmente quer?" Ele respondeu: "Quero ficar com Owen." Ela afirmou que, sendo assim, ele já tinha a resposta.

Em dezembro de 2012, muito dividido, Will aceitou a demissão voluntária e saiu da RAF. Tomou uma cerveja com alguns amigos e, então, entregou o uniforme. Uma das primeiras coisas que comprou com parte do dinheiro da demissão foi uma nova cadeira de rodas manual para Owen — muito mais fácil de usar dentro de casa do que a anterior —, com rodas grandes pintadas com o rosto de Haatchi.

Little B estava determinado a contribuir com os gastos. Assim, pediu ao pai que o ajudasse a assar alguns bolos. Owen mexia a massa e decorava os bolinhos prontos, apesar de suas mãos rígidas, e fez uma venda de bolos na escola que arrecadou mais de trezentas libras.

Owen ganhou a nova cadeira em janeiro, mas ficou mais interessado em abrir o presente que eles tinham comprado para Haatchi, para que seu melhor amigo não se sentisse deixado de lado.

Demorou um pouco para Will se ajustar à nova vida como pai em período integral. Ele detestava não ser mais o provedor da família, mas não é o tipo de pessoa que fica parada sem fazer nada. Em poucos meses, Will tinha feito o treinamento, passado no teste e recebido o certificado de assistente escolar para ajudar meio período na sala de Owen. Por lidar muito bem com crianças e entender de disciplina militar, ele foi bem-recebido pelos funcionários e pelos alunos, e era chamado sempre que precisavam de ajuda.

Para economizar o pequeno orçamento da escola, Will também usava o veículo de mobilidade ao qual Owen tinha direito como meio de transporte para ele e seus amigos em excursões e passeios.

Em casa, ele se tornou o que Colleen chama de "motorista e cozinheiro", pois cozinhava muito para a família. Além disso, ele começou a andar de bicicleta e abriu a própria empresa, a Haatchi Designs, que produzia coleiras e guias com tecidos coloridos e divertidos. Foi uma enorme adaptação mental, mas, de acordo com Colleen, Will se tornou "a mãe e o pai perfeitos em um só. Agora, finalmente, ele pode ser o melhor que consegue para Owen, para Haatchi e para mim".

Ficar em casa em tempo integral também deu a Will mais oportunidade de pesquisar sobre a doença de Owen na internet. Como a síndrome de Schwartz-Jampel é muito rara e afeta cada portador de modo diferente, existem poucos grupos de apoio, o que pode levar as famílias dos envolvidos a uma enorme sensação de isolamento. Alguns indivíduos acabam em depressão.

No entanto, por meio da pesquisa que Will e Kim fizeram quando Owen foi diagnosticado, eles tinham entrado em contato com algumas pessoas ao redor do mundo que tiveram experiência direta com a síndrome. Via e-mails e às vezes por telefone ou pelo Skype, eles conseguiram compartilhar experiências e saber mais sobre a rara doença.

Naquele momento, graças à crescente fama mundial de Haatchi e Little B, a família de um adolescente da França — que vinha enfrentando muitos problemas, confinado a uma cadeira de rodas — entrou em contato com Colleen e Will. Eles também foram procurados pelos pais de um garotinho que inicialmente recebeu o diagnóstico errado e passara por 17 cirurgias nas pernas e nos pés, incluindo próteses de extensão nos ossos, até os médicos perceberem que a causa dos problemas era a síndrome de Schwartz-Jampel. Até a família ver Owen e Haatchi na TV, depois da vitória deles no Crufts, pensava que seu filho era a única pessoa no mundo com a síndrome.

Apesar de as contrações musculares, em geral, piorarem com a idade, a família de Owen se sentiu motivada pelas experiências de um homem nos Estados Unidos com síndrome de Schwartz-Jampel, que levava uma vida normal e dirigia um carro. Ele era casado, e o único sinal aparente da síndrome era sua expressão facial.

Por meio de um grupo de apoio, a família também fez contato com Liz Guidry. Liz era de Iowa, nos Estados Unidos, mas na época vivia em Suffolk com o marido, Bobby, um piloto da Força Aérea Americana. Liz fora diagnosticada com a síndrome aos 2 anos, depois de ter apresentado problemas para engolir e sinais de rigidez nos músculos da perna que afetavam sua mobilidade. Um médico alemão que trabalhava em sua cidade, embora nunca tivesse visto um caso antes, sabia da existência da síndrome, e prescreveu analgésicos comuns. Assim, desde cedo, Liz aprendeu a "conviver com a dor". Fazer alongamentos ajudava, e ela nunca precisou dos relaxantes musculares dos quais muitos pacientes da síndrome dependem.

O único sinal aparente de que Liz tinha a síndrome era o fato de seus músculos faciais serem muito tensos, o que deixava seus olhos quase fechados. Ela também tinha pálpebras caídas, para as quais talvez fosse preciso de cirurgia. Liz disse que tirar foto para o passaporte era um pesadelo, porque todas davam a impressão de que seus olhos estavam fechados, e, por isso, eram rejeitadas.

Liz tinha problemas de visão e dentários, cansava-se depressa e não conseguia ficar ajoelhada ou sentada por muito tempo por causa da artrite nos joelhos. Ela caía sempre que os joelhos fraquejavam, mancava quando cansada, não conseguia erguer nada pesado nem praticar atividades esportivas. À noite, tinha dificuldades para respirar quando se deitava de costas. Mas ela foi, acredita-se, a primeira portadora da síndrome de Schwartz--Jampel no mundo a dar à luz, apesar de a experiência do parto tê-la esgotado. Ela e o marido realizaram muitos exames genéticos para ter certeza de que não havia chance de terem um filho com a mesma síndrome. A filha deles, Autumn, nasceu prematura de cesariana depois que os músculos estomacais contraídos de Liz começaram a impedir o bebê de se desenvolver normalmente em seu ventre. Hoje em dia ela é uma menina saudável de 8 anos de idade.

"Embora eu não deseje a síndrome que tenho para ninguém, sou feliz e me viro bem", afirmou Liz. "Também sei que tenho muita sorte, e costumo me sentir culpada até por fazer parte de um grupo de apoio da síndrome de Schwartz-Jampel. Sou a prova de que existe esperança de se viver uma vida normal com essa doença."

A família de Owen também soube do caso de Ben Elwy, de Boston, nos Estados Unidos, um garoto cujos sintomas eram provavelmente os mais parecidos com os de Little B. A mãe de Ben, Rani, é professora e ensina políticas de saúde em uma faculdade de saúde pública. Ela também escreve um blog e artigos para publicações médicas, e foi assim que a mãe de Owen, Kim, entrou em contato com ela pela primeira vez.

Nascido em 2001 com dois grandes hematomas na cabeça, Ben era um bebê irritadiço e chorão, e que não conseguia rolar. Aos 9 meses, suas pernas eram tortas e ele não suportava o próprio peso. Aos 10 meses, um médico sugeriu que ele talvez tivesse uma doença rara, e um mês depois, Ben foi diagnosticado com problemas de audição e visão, alguns dos quais estavam associados a distúrbios genéticos. Aos 22 meses de vida a síndrome de Schwartz--Jampel foi diagnosticada.

Rani dizia aos amigos de Ben e aos de suas duas filhas (nenhuma das duas portadora da síndrome) que ele era como o Homem de Lata de *O Mágico de Oz*. "É como se ele tivesse fortes ataduras de borracha tentando impedir seus movimentos", ela explicou. "Os músculos dele são tão tensos que estão impedindo seus ossos de crescer." Rani pedia às crianças para que tentassem contrair as pernas e os braços para sentir cerca de um milésimo do que seu filho enfrentava em todos os momentos de sua vida, e para que tentassem se mover ou fazer qualquer coisa que fosse com os corpos desse modo.

Aos 12 anos, Ben já havia passado por 23 operações, muitas para corrigir seus problemas nos olhos, mas outras para estender, reparar ou impedir danos em sua espinha, nos quadris e nas pernas. Foram colocadas peças de titânio em suas vértebras e placas de metal nos joelhos e nos quadris. Ele vai a especialistas em ortopedia para tratar os joelhos, os pulsos e os cotovelos, e é quase certo que precisará de cirurgia dupla de substituição do quadril. Há oito anos ele teve que fazer uma traqueostomia para impedir que a apneia obstrutiva do sono o sufocasse à noite, e tem usado um andador desde os 2 anos de idade, e uma cadeira de rodas desde os 4. Sua mãe disse: "Não existe apoio para as famílias de portadores da síndrome de Schwartz--Jampel. Não há literatura médica. Você fica sozinho. Toda cirurgia é uma estrada percorrida pela primeira vez pelos médicos e por nós, e é impossível saber o que esperar. Um geneticista a quem procuramos havia visto apenas dois casos na vida. Ninguém tem respostas, então precisamos compartilhar qualquer informação que pudermos."

Apesar de suas limitações físicas e médicas e da necessidade de ter uma enfermeira para cuidar de seu tubo da traqueia, Ben leva uma vida relativamente normal, estuda em uma escola comum e aprende as mesmas coisas que seus colegas de classe. Em 2013 ele participou de seu primeiro acampamento de verão sobre tecnologia, onde ajudou a criar um novo jogo de computador. Ele gosta de andar a cavalo e de esquiar (com a ajuda de um instrutor). Toca piano e bateria na banda da escola, e é membro do clube de xadrez, que se reúne em sua residência. Para o caso de perder a visão, ele está aprendendo braille.

Rani disse à família de Owen que Ben sabe que é diferente, mas não ocorre a ele não experimentar coisas novas. No acampamento de tecnologia, seu professor o descreveu como "um para-raios de felicidade" que iluminou a semana de todos. "Aquelas palavras, e como elas fizeram com que eu me sentisse, alimentarão minha força de vontade por muito tempo", afirmou Rani.

Ela e a família ficaram encantados ao saber sobre a relação entre Owen e Haatchi. Ela adoraria poder dar um animal de estimação a Ben, mas é alérgica a pelo de cachorro. "Owen está se saindo muito bem, e parece ser um garoto muito especial", comentou ela. "Fico muito feliz por ele ter um companheiro tão querido."

A cada dia que passava desde a chegada de Haatchi, Will e Colleen se sentiam gratos por sua presença calma e estabilizadora. Devido aos turnos de trabalho do casal, ele raramente ficava sozinho por muito tempo, mas adorou ter seu pai em casa em período integral.

À medida que Will se ajustava à vida nova, recebia ajuda e inspiração pela maneira como o cachorro de 18 meses também estava se adaptando. Haatchi se ajustara à família Howkins-Drummond com toda a naturalidade e acabara de ser escolhido um dos vencedores do Endal Awards, premiação organizada pela revista *Dogs Today* que celebra seres humanos e cães que fizeram algo de importante ou de inspirador. O prêmio seria apresentado no London Pet Show, no Earls Court, em maio. Ao anunciarem o vencedor na revista, Beverley Cuddy, editora da *Dogs Today*, disse: "Tem algo sobre Owen e Haatchi juntos que nos faz chorar. Lágrimas de alegria, na maioria das vezes [...] Nunca tivemos tantas indicações para alguém ganhar uma medalha Endal. Eles já ganharam todos os prêmios que se possa imaginar, e nunca foram atrás de nenhum deles [...] Essa é uma daquelas histórias reais que dariam um livro ótimo ou um filme inspirador e vencedor de prêmios."

Haatchi e Little B começavam a se acostumar com a fama e já estavam experientes em participar de programas de TV e outros eventos, mas quando foram convidados para a cerimônia de premiação da ITV, British Animal Honours, apresentada pelo famoso amante de animais Paul O'Grady, eles souberam que eram verdadeiras estrelas. Criado para homenagear os animais mais extraordinários do Reino Unido e as pessoas que dedicam a vida a eles, o prêmio tinha 12 categorias, e Haatchi havia vencido a Braveheart Honour [Honra à Coragem]. Entre os jurados, estavam Virginia McKenna, da Born Free Foundation, e Peter Egan, da All Dogs Matter, que ajudara a resgatar Haatchi. A família foi convidada aos estúdios da ITV em Elstree, Hertfordshire, para encontrar Paul O'Grady, juntamente com o velho amigo de Owen, o guitarrista do Queen, Brian May, que apresentaria outro prêmio.

O programa foi gravado com antecedência, e Haatchi, que estava usando seu colete especial, teve a ajuda de Will e Colleen para ficar de pé no estúdio. No dia 17 de abril, Paul O'Grady apareceu no *The One Show* para promover a premiação e apresentou um vídeo de Haatchi e Little B que logo encheu de lágrimas os olhos do apresentador Alex Jones.

A cerimônia de premiação foi ao ar na noite seguinte, e milhões de pessoas a assistiram. Paul O'Grady apresentou os vencedores do prêmio Braveheart com as seguintes palavras: "Às vezes quando vemos dois amigos juntos é difícil imaginá-los separados, mas no caso de Owen e Haatchi, eles quase não chegaram a se conhecer."

A plateia assistiu a um curta-metragem que simulava a terrível noite de Haatchi nos trilhos do trem, com a narração: "Havia uma grande chance de Haatchi não se recuperar dos ferimentos." Então, Paul O'Grady continuou: "A menos de 85 km dali, Owen lutava para superar suas dificuldades também", antes de Will e Colleen aparecerem falando sobre Owen sentir dor o tempo todo. Colleen disse à câmera que Little B era a pessoa mais corajosa que ela

Haatchi & *Little B*

já tinha conhecido e que ele merecia o direito a uma vida ótima, como todo mundo. "E é um milagre Haatchi estar vivo", disse ela, com a voz tomada de emoção. "Ter superado o que ele superou é uma inspiração para todos nós... Devo muito a Haatchi e nunca conseguirei retribuir pelo que ele tem feito."

Rupert Grint, o ator que interpretou Ron Weasley nos filmes de *Harry Potter*, entregou a medalha Braveheart a Haatchi enquanto ele e Little B eram ovacionados de pé pela plateia. (Owen nunca tinha visto um filme de *Harry Potter*, depois de ter declarado que as histórias eram "chatas", mas já tinha visto fotos de Rupert Grint e sabia que ele era famoso.) Mais tarde, a família disse que Rupert foi "supersimpático" e que Owen passou a ser seu fã.

Quando Paul O'Grady viu a reação da plateia ao garoto e ao cachorro, disse a Owen: "Veja isso! Estão todos a seus pés! Eles não fizeram isso comigo!" Então, ele se agachou para dizer oi a Haatchi e comentou que o estilo de Owen (de terno e gravata) fazia com que ele se sentisse mal-vestido, e pediu para Owen "vir com roupas velhas" da próxima vez.

Owen foi recebido depois por Brian May e sua esposa, Anita Dobson, que tirou fotos com ele e outra jurada, a dama Kelly Holmes. Owen também conheceu Bob, o gato do livro best-seller *Um gato de rua chamado Bob*, e seu dono James Bowen.

Quando a sessão de fotos terminou, Little B foi para um canto e com discrição assinou um autógrafo para Brian May. Então, esperou pacientemente fora da sala de imprensa para entregá-lo a ele. Quando uma subcelebridade da TV apareceu, ele pensou que Owen estivesse à sua espera, então perguntou: "Você quer meu autógrafo?""Não", respondeu Little B, balançando a cabeça enfaticamente. "Estou esperando para dar o meu a Brian May."

Quando o decepcionado ator foi embora, Brian saiu e aceitou graciosamente o autógrafo. Em seguida, correu para sua sala, pegou adesivos da campanha contra a matança de texugos e nomeou Owen como membro honorário de sua campanha.

Mais uma vez, Little B e Haatchi encararam o evento todo como parte normal de seu dia a dia. O único indício de que a fama subira à cabeça de Owen veio depois, quando Will o ouviu perguntar a estranhos se eles conheciam algum astro do rock. Quando respondiam que não, Little B lhes dizia: "Eu conheço. Ele se chama Brian May, e nos encontramos duas vezes. Ele é meu amigo!"

Will e Colleen esperavam que Haatchi pudesse participar do London Pet Show para receber seu Endal Award de Allen Parton, o ex-oficial da Marinha Real com deficiência, cujo fiel labrador Endal tinha sido a inspiração para o prêmio; mas depois da apresentação no Animal Honours, eles não tinham mais certeza. Haatchi estava bem, mas os ferimentos causados por seu escorregão no gelo em fevereiro estavam demorando muito mais do que o esperado para sarar. Em abril, ficou claro que algo não ia bem com a pata traseira dele. Num post no Facebook naquela semana, eles disseram que o "ai, ai" estava piorando.

Haatchi & *Little B*

Com a recomendação de Angela Griffiths, dona do Centro de Reabilitação Veterinária Greyfriars e primeira pessoa a perceber que o problema era mais sério do que se havia imaginado, Colleen e Will levaram Haatchi ao cirurgião veterinário especialista Anderson Moores, perto de Winchester — mas só depois de ele ter recebido abraços especiais e um "reforço de coragem" de Owen.

Na clínica, que era um celeiro reformado, o veterinário especialista em reposição de juntas em cães examinou Haatchi e decidiu investigar mais a fundo. As ressonâncias que ele pediu da pata traseira de Haatchi mostravam exatamente por que ele não se recuperara por completo, como todos esperavam. Seu quadril estava bom, mas sua pata ficara gravemente deformada e precisaria de uma cirurgia complexa. Sua rótula se deslocara permanentemente, um problema conhecido como patela luxada. Os ossos de baixo e de cima (a tíbia e o fêmur) ficaram tortos e precisariam ser quebrados e endireitados. A operação de que Haatchi necessitava seria demorada, arriscada e cara. A reabilitação e os custos pós-cirurgia seriam muito altos para Will e Colleen.

Os veterinários sabiam que o casal já passava por dificuldades financeiras após Will ter pedido demissão. Também sabiam que Haatchi não tinha nenhum seguro que cobriria um problema preexistente como aquele. A combinação das milhares de libras apenas para a cirurgia mais o confinamento longo e o tratamento de reabilitação em casa que seria necessário após a operação indicavam que, possivelmente, a decisão mais gentil e mais simples seria sacrificá-lo.

Andy Moores advertiu-os, seriamente, que teria de reavaliar os exames e pensar no que poderia ser feito por Haatchi. Seriam necessários uns dois dias até saberem da decisão.

Will e Colleen sempre suspeitaram de que Haatchi fosse necessitar de rodas um dia, e a OrthoPets, que havia feito seu colete especial, já se oferecera para produzir um aparelho com rodas para ele se o casal decidisse que seria preciso; mas Colleen e Will queriam adiar essa decisão enquanto fosse possível, porque isso geraria outras complicações.

Naquele momento, não sabiam o que resolver. Eles sempre disseram que fariam o que sentissem que Haatchi queria que fizessem, e que Owen seria muito importante na decisão. Eles nunca manteriam um cachorro vivo só por manter, e ainda que perder Haatchi fosse muito difícil para todos eles, sobretudo para Little B, sentiam que Owen tinha uma mente tão brilhante que, desde que fosse explicado corretamente, talvez ele lidasse melhor com a situação do que eles próprios.

Quase chorando, os dois levaram Haatchi para casa e se deitaram no chão com ele e com Owen para beijar e abraçar o cachorrão que, em pouco mais de um ano, passara a ser tão importante para todos. Sabiam que a cirurgia custaria uma pequena fortuna, dinheiro que eles simplesmente não tinham. Além disso, como colocar Haatchi dentro de uma jaula por meses com a possibilidade de ele ter que ser submetido a mais cirurgias no futuro?

Eles tiveram alguns dias para decidir o que fazer.

Haatchi & *Little B*

Naquela noite, Colleen postou a notícia do diagnóstico de Haatchi e as imagens das ressonâncias para seus mais de 13 mil seguidores no Facebook. A página logo foi tomada por mensagens de apoio e preocupação, nas quais a família encontrou muito conforto. As pessoas mandavam energia positiva e bons votos, além de "beijos nas pintinhas", "orações de cachorrinho" e "coçadas na barriga". Aquelas com experiência veterinária ou pessoal davam conselhos, algumas se ofereceram para ajudar a pagar a cirurgia, se fosse preciso, enquanto a maioria lembrava a família do quanto eles já tinham enfrentado e desejavam coragem e força nesse novo desafio.

Rod Hunt, da OrthoPets, também fez contato e se ofereceu para conversar com o veterinário sobre fornecer coletes especiais e equipamentos ortopédicos de que Haatchi pudesse precisar. "Esse cachorro é um em um milhão", disse. "Queremos fazer tudo o que pudermos. Nós ficaríamos arrasados se ele não sobrevivesse."

No dia seguinte, Will recebeu um telefonema de Andy Moores, que disse acreditar que a cirurgia era possível. E também que, além de terem decidido que o custo de mais de 9 mil libras da operação de Haatchi sairia por 4 mil, a empresa de seguros Petplan UK concordara em cobrir as primeiras 4 mil libras da fatura devido a um pedido especial da revista *Dogs Today* como parte de seu prêmio no Endal Awards.

Mais uma vez, o espírito incrível de Haatchi havia, de algum modo, ajudado todos eles a superar as adversidades. Isso ainda significava que eles teriam que conseguir pelo menos 4 mil libras para pagar o pós-tratamento, mas a notícia foi tão boa que a família soube, naquele momento, que eles certamente fariam a cirurgia.

"Para sempre seremos gratos pela gentileza, generosidade e profissionalismo de todos os envolvidos", disse Will. "Mais uma vez, Haatchi parece ter trazido à tona o melhor nas pessoas, e nós só esperamos que seu bom carma volte para aqueles que o ajudaram."

Foi uma semana muito emotiva, porque no sábado a família recebeu a visita muito providencial de alguém que eles nunca pensaram que conheceriam: Siobhan Trinnaman, a inspetora da Sociedade Protetora dos Animais que encontrara Haatchi nos trilhos do trem.

Haatchi já tinha reencontrado Ross McCarthy, da Dogs and Kisses, no Crufts. Ele também se reconectara com Nicola Collinson, a voluntária que o levara do Hospital de Harmsworth até a South Mimms — e que começou a chorar ao vê-lo de novo. "Eu me dei conta de que, apesar de meu papel ter sido insignificante, eu ajudara a salvá-lo e a encontrar Owen, Will e Colleen", disse ela. "Isso me deixou muito feliz." Graças a Nicola, Owen também começou a receber cartões-postais de locais exóticos do namorado dela, Ben, um vendedor que viajava para muitos lugares.

Siobhan Trinnaman — que havia sido alertada da nova situação de Haatchi por uma das enfermeiras do Hospital de Harmsworth — entrou em contato com a família via internet e perguntou se poderia ir vê-lo. Junto com sua mãe, que queria conhecer o famoso Haatchi, Siobhan deixou sua casa em North London e foi até Basingstoke para reencontrar o cachorro que ela conhecera como "Perdido: E10", aquele que ela não conseguiria esquecer.

Ansiosa para ver a reação de Haatchi, Colleen testemunhou o momento em que ele viu Siobhan de novo. Haatchi olhou para ela com a cabeça inclinada, e então correu para se encostar nela, como se Siobhan fosse sua mãe havia muito ausente. Então, ele se recusou a sair de perto dela. Os olhos de Siobhan ficaram marejados, assim como os de sua mãe. Nos dois casos, eram lágrimas de alegria.

"Fiquei muito feliz por revê-lo", afirmou Siobhan. "Foi muito emocionante. Sei que muitas pessoas consideram a história muito triste, mas para mim é uma história feliz, com um final feliz. Independente do que houve com Haatchi nos trilhos aquela noite, eu pensava que agora ele estava com Owen e sua família, e estava tudo bem."

Colleen concordou. Era fantástico para eles poder agradecer a Siobhan pessoalmente, porque se não tivesse sido pela decisão dela de resgatar Haatchi naquela ocasião, as coisas poderiam ter sido muito diferentes. Todos estavam meio emocionados, mas ver Siobhan acariciar Haatchi e conhecer Little B foi um final feliz para aqueles poucos dias dramáticos.

Ao conversar com Siobhan, o casal soube que Haatchi levara um golpe na cabeça antes de ser deixado ou jogado nos trilhos. A história que sempre contaram a eles — que Haatchi fora amarrado aos trilhos — não podia ser confirmada, mas muitos dos envolvidos nos cuidados a ele ainda suspeitavam de que isso havia acontecido; caso contrário, ele teria conseguido escapar do trem que o atingira.

Siobhan afirmou que, não importando se ele fora amarrado ou não, pelo lugar onde foi encontrado, ficou claro que Haatchi fora deixado ali de propósito, "colocado lá para morrer".

Ela disse à família que os funcionários do Hospital de Harmsworth vinham acompanhando o progresso de Haatchi com interesse e que estavam todos "torcendo por ele". Uma enfermeira colocara fotos e recortes de jornal de Haatchi no quadro de avisos de funcionários. Siobhan não acreditava que eles o teriam sacrificado. Ela explicou que os funcionários da Sociedade Protetora dos Animais às vezes afirmavam que um cachorro estava correndo risco de ir para a lista de animais que seriam sacrificados para que pudessem encontrar um lar para ele mais rapidamente.

Stan McCaskie, o veterinário de plantão na noite em que Haatchi foi resgatado, foi mais pragmático ao falar do que poderia ter sido um fim muito triste para o animal ferido: "A pior parte de meu trabalho é sacrificar um animal", afirmou ele. "Já é bem ruim quando estou acabando com seu sofrimento ou quando o animal tem uma doença terminal. Mas quando é um cachorro ou um gato perfeitamente saudável, que apenas não consegue encontrar um lar, ou que mordeu alguém, ou que se tornaria um fardo, aí é muito difícil.

"Apesar de saber que eu já deveria estar acostumado, muitas vezes fraquejo no fim e tenho de ficar algum tempo sozinho para tentar me recompor."

Stan, que tem dedicado toda a sua vida a salvar animais e se tornou um astro da TV na premiada série *Animal*

Hospital, filmada no Harmsworth, sentiu-se aliviadíssimo por não ter precisado tomar essa decisão com Haatchi. Ficou ainda mais feliz ao saber que ele tinha sido salvo. Quando o viu na televisão ganhando um prêmio no Crufts, pensou: "Espere um pouco... Estou reconhecendo esse cachorro!" Ele e sua colega Fiona Buchan disseram que saber que Haatchi estava tão bem-estabelecido na família Howkins-Drummond e que havia feito tanta diferença na vida de Owen "fazia tudo valer a pena".

Em 11 de maio, dois dias antes da cirurgia de Haatchi acontecer, Will e Owen participaram do London Pet Show sem ele para receber o prêmio Endal na Animal Action Arena. Todo mundo queria saber onde e como Haatchi estava, e Owen gostou de responder a todas as perguntas e ser reconhecido. Ele disse ao pai que se sentia triste por não ter um pastor–da-anatólia à vista e prometeu levar Haatchi no ano seguinte para mostrar a todos como aquela raça é maravilhosa.

No estande da UKGSR, Owen pôde dar nome a alguns brinquedos de pelúcia para uma competição, e então eles visitaram alguns minicavalos que eram menores do que Haatchi. Ele andou com a cadeira de rodas elétrica como um profissional, desviando das pessoas habilmente, e disse a todos que o que mais gostava de ver eram os peixes tropicais.

Quando chegou a hora de receber o prêmio de Haatchi — uma linda medalha —, Owen surpreendeu seu pai pedindo para ele permanecer sentado e "comportado", pois ele mesmo subiria no palco para receber o prêmio. "Como um pai treinado, ele obedeceu!", Owen confirmou mais tarde. O garoto ficou muito feliz ao receber um iPad como prêmio surpresa.

Little B foi apresentado a Sir Bruce Forsyth, que foi muito simpático com ele e mostrou-se interessadíssimo em Haatchi. Sir Bruce estava ali para apoiar a filha, Debbie Matthews, que havia recebido um prêmio por sua campanha Vets Get Scanning, para devolver cães perdidos a seus donos por meio da tecnologia de microchip.

Eles tiveram um ótimo dia, embora Haatchi não tenha gostado muito de ter ficado em casa devido a sua lesão. Naquele dia, ele postou no Facebook: "*Não, mamãe, não vou perdoar você por não ter me deixado ir para Londres com Little B. Fale com o cotoco do meu rabo, minha cara não vai querer ouvir!*"

Sempre enfrentando desafios, Colleen decidiu retomar a ideia da caminhada patrocinada de uma libra, dessa vez para ajudá-los a pagar a reabilitação de Haatchi. Na véspera da cirurgia dele, ela lançou a Caminhada Ai, Ai de uma libra, convidando as pessoas a patrocinar Owen, Mr. Pixel e ela para percorrerem o perímetro de 8,5 km do lago Virginia Water, em Surrey, com a amiga da família Zoe Le Carpentier e seu cão de três patas, Pelucchi. Todos foram convidados para se juntar a eles naquele domingo, dia 2 de junho.

O objetivo era arrecadar as 4 mil libras de que precisariam para os altos custos de reabilitação de Haatchi, que envolveriam pelo menos três semanas de cuidados em casa e

Haatchi & *Little B*

depois outros tratamentos, como hidroterapia, acupuntura e fisioterapia, por pelo menos seis meses. Colleen anunciou que o plano era manter Haatchi em boa forma e bem, de modo que ele pudesse "continuar sendo parte essencial da vida de seu melhor amigo, Owen Howkins, de 7 anos, e continuar ajudando com o trabalho de caridade para muitas outras organizações". Ela acrescentou que qualquer doação, por menor que fosse, seria muito valorizada.

No Facebook, Haatchi postou: *Mais uma noite de sono antes de minha operação. Se você tiver uma única libra que gostaria de doar para a minha reabilitação, por favor participe de nosso evento. Muito aubrigado!*

Will e Colleen levaram Haatchi ao veterinário na manhã do dia 13 de maio para deixá-lo nas mãos experientes da equipe. Acompanhado do ouriço Harold , o brinquedo de que ele raramente se separava, Haatchi ainda assim ficou assustado por estar de volta a um lugar que lhe trazia más lembranças. Will entrou para falar com os veterinários, e Colleen permaneceu no estacionamento com seu meninão, que, estranhamente, não latiu para nenhum cachorro naquele dia.

A porta da frente se abriu, e uma enfermeira saiu com um cão cuja barriga tinha sido raspada e cuja pata traseira estava enfaixada. Haatchi ergueu o focinho e ficou muito preocupado, como que se lembrando de Harmsworth e de sua primeira noite aos cuidados da Sociedade Protetora dos Animais. O cheiro de anestésico o assustou e ele começou a choramingar. Colleen achou até que ele poderia tentar fugir.

Então a porta tornou a se abrir e Andy Moores, cirurgião de Haatchi, apareceu com Will e acariciou as orelhas do cachorro de modo brincalhão. Todos o acompanharam para dentro, passando pelos canis cirúrgicos e por gente de uniforme que recebeu o superastro com sorrisos e carinhos. Quando entraram no canil, Andy os direcionou para uma jaula grande cheia de lençóis brancos e macios. Haatchi foi cercado por outros cães nos canis menores, mas não latiu para nenhum deles. Parecia muito desconfiado.

No caminho para a jaula, Haatchi de repente parou, parecendo tomado por uma onda de medo. Ele gemia, como se lembranças dolorosas tivessem voltado para assombrá-lo, e foi só quando Colleen encostou o rosto em seu pescoço e beijou suas orelhas que ele se acalmou um pouco.

Finalmente, conseguiram colocá-lo dentro de seu canil, e, então, puseram o ouriço Harold ao lado de seu focinho. Haatchi cheirou o bichinho de pelúcia, que passara a noite anterior na cama de Owen, e suspirou, tão reconfortado com o aroma familiar a ponto de conseguirem fechar a porta da jaula e deixá-lo aos cuidados de Andy e sua equipe.

Colleen e Will esperaram sair do prédio para, só então, deixarem fluir as emoções por terem que deixá-lo lá.

As horas seguintes foram muitíssimo tensas na casa dos Howkins-Drummond. Owen, estranhamente calado sem seu amigão, quase não disse nada enquanto todos esperavam por notícias. Isso até Andy telefonar para dizer que as mais de cinco horas de cirurgia tinham sido bem-sucedidas e que não houvera efeitos colaterais da anestesia. Little B deu um soco no ar com seu pequeno punho e gritou: "Uhul!"

Haatchi & *Little B*

Na operação, foi preciso quebrar os ossos de Haatchi e religá-los com o auxílio de quatro placas e 34 parafusos para manter tudo no lugar. Andy tinha um modelo 3D da pata de Haatchi feito a partir da ressonância magnética, que usou para ensaiar a cirurgia antes de ela acontecer de fato. Devido aos riscos, Andy não queria descobrir, no meio do procedimento, que ele e sua equipe não seriam capazes de endireitar a perna. Tecnicamente, foi um desafio, mas o que tornava tudo tão importante era aquela ser a única pata traseira de Haatchi. Se a operação fracassasse, ou se houvesse complicações, ele não conseguiria seguir em frente. Além disso, os veterinários operaram sabendo que milhares de fãs de Haatchi esperavam para ter certeza de que ele voltaria inteiro para sua família. Como disse Andy: "Sem pressão!"

Andy prometeu que sua equipe monitoraria Haatchi de perto durante a noite e que um dos membros telefonaria para a família logo cedo. O cachorrão não estava livre do perigo, mas já se encontrava mais próximo de voltar para casa.

No dia seguinte, as enfermeiras disseram que ele comera um pouco depois de uma boa noite de sono e que estava conseguindo andar (com a ajuda de uma faixa) e mover a pata de trás, o que deixou os cirurgiões muito satisfeitos.

Seus pais, aliviados, postaram uma foto de Haatchi em pé exibindo a pata recém-depilada e o "bumbum careca" no Facebook, junto com imagens de raios-X de sua nova pata biônica fixada com pinos de metal. Eles brincaram dizendo: *Parece que acordei com uns parafusos a mais!!!*

BOL [Bark Out Loud]" Eles também disseram que agora ele "*tinha 3G e wi-fi*".

Quando Haatchi passou aos cuidados da Greyfriars, Colleen e Will se revezaram para cuidar dele no canil do centro de reabilitação, e lhe deram muito carinho. O garotão não gostou nada de ter que usar um colar de tecido para impedi-lo de lamber as feridas, mas, sonolento por causa do remédio para dor, logo cochilou e roncou no colo deles.

A casa parecia vazia sem Haatchi. Colleen postou em sua página no Facebook: "*Voltar do trabalho foi muito diferente hoje. Normalmente, sou recebida por uma cara grande e fofa que fica olhando pela janela, e quando tento entrar, sou bloqueada por Haatchi, que abana o toquinho do rabo um milhão de vezes por hora. E então, quando me sento, um traseiro grande e peludo se senta ao meu lado com as duas patas da frente ainda no chão e uma cara com dois olhos pidões me perguntando, sem palavras, como foi meu dia. Os cachorros sabem nos deixar sem reação! Grrr.*"

Owen perguntava sobre Haatchi todos os dias, e a casa não era a mesma sem sua presença enorme e calmante. O amiguinho de Haatchi já não entrava em casa apressado ao chegar da escola, como antes. Estava tão desanimado que não queria mais jogar seu jogo favorito de Nerf com o pai, e ia dormir cedo. Esse comportamento fez a família se lembrar dos dias tranquilos antes de o pastor-da-anatólia entrar em suas vidas.

Cinco dias após a operação, Haatchi finalmente recebeu a visita que mais esperava. Sob supervisão, para que não se movesse rápido demais nem fizesse nada que pudesse machucar sua perna, Haatchi rolou na grama com seu melhor amigo, Owen. Os funcionários ficaram impressionados ao ver como o cachorro se animava com a presença de Little B, e, sobretudo, quando o animal firmou uma pata da frente no corpo de Owen e o puxou para um abraço feliz.

Ele gostava dos carinhos dos funcionários da clínica.

Adorava os carinhos de Colleen e Will.

Mas ninguém fazia carinho como Owen, e os dois encostaram as cabeças uma na outra e se olharam com muito amor.

Haatchi continuou a progredir nas semanas seguintes, e Colleen mantinha todos os seguidores informados por meio de postagens nas redes sociais. A família toda continuou a entrar na jaula dele ou a ajudá-lo a ir ao gramado dos fundos para brincar. Ele pedia petiscos, e foi fotografado com Will, com a legenda: "Não tem petisco? Não tem conversa..." Outra foto o mostrava deitado na grama com Angela Griffiths, supostamente negociando um fim de semana em casa.

No dia 20 de maio, menos de três semanas depois de eles terem iniciado a campanha, a família atingiu a meta 4 mil libras para sua reabilitação. Em acordo com todos os envolvidos, eles mantiveram a página aberta para mais doações, que seriam reservadas para ajudar a pagar tratamentos futuros de emergência envolvendo cães resgatados. No total, eles arrecadaram mais de 4.800 libras.

Haatchi pôde ir para casa pela primeira vez no último fim de semana de maio e foi colocado dentro de uma enorme caixa de madeira, ou "quarto", construída por Will (com muita ajuda de Owen), que tomava quase toda a sala de jantar da família. Quando ela ficou pronta, Little B mal podia esperar para tirar os sapatos e entrar ali com seu amigo peludo, e logo estava aconchegado na cama de Haatchi, pedindo uma história para dormir. O pai dele postou uma foto engraçadinha dos dois atrás das barras, com a legenda: "Somos celebridades, nos tirem daqui!"

O dia em que a página de Haatchi alcançou 14 mil curtidas no Facebook foi o mesmo em que Colleen, Owen e Mr. Pixel deveriam completar a Caminhada Ai, Ai ao redor do Virginia Water. Depois de um mês longo e chuvoso, o sol saiu e mais de trinta amigos (e seus cães) apareceram para ajudá-los. Will fez pulseiras xadrezes especiais para todos que participaram e Little B distribuiu autógrafos e abraços a quem pedisse.

Entre os que apareceram — até de lugares como Rhode Island, nos Estados Unidos — estava Jodi Kennedy, ex--jornalista e âncora de TV que agora tinha um importante emprego na área de comunicação global. Ela se tornara amiga de Haatchi no Facebook e ficou tão emocionada com a história dele e a de Little B que começou a seguir o progresso de ambos com dedicação. Jodi e o marido, Peter, tinham marcado férias na França, mas foram ao Reino Unido só para conhecer Haatchi e Owen pessoalmente e participar da caminhada patrocinada. "Tenho certeza de que eles pensaram que eu era uma maluca dos Estados

Haatchi & *Little B*

Unidos", disse Jodi. "Nunca fiz nada assim na vida antes, nem desde então." Ela explicou que algo na carinha expressiva de Haatchi a atraiu, além da graciosidade dele em lidar com a crueldade que sofrera, e também a deficiência que veio em seguida. "E também houve toda a situação de como ele salvou Owen e como Will e Colleen são generosos e admiráveis. Eles estão ensinando a Owen — e a todos nós — lições incríveis a respeito de ser grato pelo que temos, sobre humildade e sobre saber retribuir."

Colleen adorou encontrar Jodi e Peter, e concordou com alegria que eles podiam ser "os padrinhos internacionais" de Haatchi. O casal completou a caminhada com os muitos outros incentivadores da família, e todo mundo foi para casa feliz, sabendo que a reabilitação e o tratamento de Haatchi estavam cobertos pelas próximas semanas, ao menos.

Na semana seguinte houve um dia muito importante para Haatchi. Ele foi levado à piscina de hidroterapia pela primeira vez desde a cirurgia, um passo que teve que ser dado com muito cuidado. A família toda estava presente, e Owen tirou fotos dele se exercitando na piscina grande sob a supervisão constante de dois fisioterapeutas experientes com trajes de banho. Até mesmo os alunos de veterinária saíram de sua aula de anatomia para vê-lo nadar na água morna.

Mais tarde naquela semana, Haatchi tentou usar a esteira aquática pela primeira vez — o equipamento permitia que ele sustentasse o próprio peso enquanto exercitava a perna de trás. A pressão hidrostática da água também reduzia o inchaço, e ele adorava brincar com os brinquedos flutuantes enquanto a fisioterapeuta massageava sua perna e seu quadril embaixo d'água.

Sua recompensa? Mais uma semana em casa com a família. Os veterinários da clínica disseram que seu índice de recuperação havia aumentado desde que ele encontrara Owen, e eles esperavam que as melhorias continuassem.

Quando Haatchi e Little B foram matéria e capa da edição de junho da revista *Dogs Today*, tudo parecia estar indo bem para Will, Colleen e a família. Eles tinham enfrentado a possibilidade de perder o amado cachorro e a superaram. Owen e Haatchi foram contratados como "repórteres itinerantes" da *Dogs Today*, e já tinham feito a primeira postagem no blog a respeito de seu progresso, com o título "Pequenos milagres e grandes sonhos". Entre vários outros eventos de arrecadação de fundos para instituições de caridade, para indivíduos com necessidades especiais e outros, Will e Colleen estavam a dois meses do casamento e ansiosos à espera do grande dia para o qual vinham economizando muito.

Seus amigos na empresa de alimentação de animais, a Natural Instinct, que lhes oferecera comidas cruas por toda a vida de Haatchi, tinham saído para abrir uma nova empresa, a Nutriment Raw, que a família seguiu lealmente.

Haatchi vinha fazendo progresso e seu pelo voltava a crescer no "bumbum careca". Owen estava indo bem na escola — principalmente em matemática — e se sentia um pouco melhor fisicamente, pois o calor do verão diminuíra a dor nas suas articulações. Sua mãe, Kim, tinha

Haatchi & *Little B*

sido mandada para o Afeganistão para sua quarta missão, mas ele já estava acostumado a ficar longe do pai ou da mãe por longos períodos, e feliz por saber que eles sempre voltavam. De fato, Owen orgulhosamente contava a todos que sua mãe estava "lutando contra o Talibã". Mãe e filho conversavam pelo Skype algumas vezes na semana, e Owen dava a ela todas as notícias de seu melhor amigo.

Os muitos amigos da família no Facebook, no Twitter e em todos os outros lugares, bem como empresas e fãs, continuaram a enviar presentes de surpresa para eles, incluindo Legos e uma cama de espuma (para Haatchi), além de adesivos e ímãs, livros e doces (para Owen) — tudo recebido com grande alegria.

E então, no dia 25 de junho, veio um grande contratempo.

Os últimos exames de raios-X de Haatchi mostravam que a tíbia e o fêmur estavam sarando bem, mas sua rótula ainda estava se deslocando. A menos que Will, Colleen e suas equipes de terapia pudessem fortalecer os músculos com fisioterapia e hidroterapia para manter a patela estável, ele teria que enfrentar mais uma cirurgia para o alinhamento, além de uma longa reabilitação; tudo isso provavelmente seria muito custoso.

Enquanto Colleen fazia turnos extras para tentar cobrir os gastos cada vez maiores, eles só podiam torcer e rezar para que o cachorro que mudara suas vidas para melhor também pudesse ter um final feliz.

7

*"Uma palavra nos livra de todo peso
e dor da vida, e essa palavra é amor."*
Sócrates

A DEDICADA EQUIPE DE veterinários e funcionários da clínica de Haatchi tratou a mais nova missão para melhorar sua força muscular como se fosse uma operação militar. Sob a liderança de Angela Griffiths, eles começaram a atuar, supervisionando suas sessões de terapia quase que diárias.

Para economizar nos gastos e incentivar Haatchi a ficar na água por mais tempo, Will colocou óculos de natação e uma roupa de mergulho para também entrar na piscina nas sessões de hidroterapia. Por nadar com tanta frequência, Haatchi estava ficando mais forte e mais veloz a cada dia. Poucas semanas depois, ele conseguiu nadar sem ajuda e sem tombar na água pela primeira vez desde a cirurgia — algo que ele tirava de letra logo após a perda da pata. Os funcionários e seus seguidores torciam para que, com

Haatchi & *Little B*

o prosseguimento da terapia, Haatchi pudesse evitar ser operado novamente.

Mas Haatchi estava ficando entediado de ficar na jaula quando não estava fazendo terapia. Raramente gemia ou latia, a menos que precisasse de atenção, mas ele claramente estava se sentindo frustrado por passar longos períodos confinado, e precisava ser distraído. Will e Colleen criaram todos os tipos de brincadeira com ele que não envolvessem muito movimento, usando bolinhas e toalhas, brinquedos e mordedores que eles pudessem jogar na jaula ou com os quais pudessem brincar de cabo de guerra. Eles o levaram da jaula para o gramado, onde a fisioterapeuta Kate Vardy o massageava, e Little B também fazia sua parte, passando horas com seu cachorro dentro e fora da jaula — até mesmo lia e fazia sua lição de casa ao lado do amigo peludo, ou o usava como apoio para as costas.

Quando Haatchi fazia cócegas ou encostava o focinho nele (provocando a contagiante risada do Pica-Pau de Owen), Colleen tirou muitas fotos dos dois; e também de Haatchi com seu querido ouriço Harold na cabeça, ou rolando de barriga para cima, rosnando. Em uma foto, na qual dava um banho de lambida em Owen, a legenda que ela postou dizia: "Observe e aprenda, Little B. Veja, esta é uma cara de segunda, e você está com cara de sexta... (Suspiro) O garoto ainda tem muito a aprender!"

Para manter os ânimos elevados em casa, Angela Griffiths deu a Owen um cachorro de brinquedo chamado Hatch, que era um modelo do cão do navio de guerra de Henrique VIII, o *Mary Rose*. Hatch fora o rateiro oficial e mascote não oficial a bordo da embarcação, um cão vira-lata cujo DNA mostrou que ele era metade terrier e metade whippet, e que tinha menos de 2 anos de idade quando o navio afundou, em 1545. Seus ossos foram encontrados dentro da cabine do carpinteiro e remontados na exposição do *Mary Rose* em Portsmouth. Hatch se juntou ao corgi da duquesa de York e diversos outros brinquedos quase permanentemente dispostos na cama de Little B.

Ninguém fazia ideia da data de aniversário real de Haatchi, mas seu primeiro veterinário disse à família que, pelos dentes, ele devia ter cerca de 7 meses, o que significava que tinha nascido em julho de 2011. Como 17 é o número da sorte de Colleen, eles decidiram que a data seria 17 de julho, de modo que seu aniversário cairia exatamente um mês antes do casamento deles, marcado para 17 de agosto.

Quando eles postaram a data do aniversário de Haatchi na internet, receberam muitas mensagens com votos para que ele tivesse um dia feliz e uma recuperação rápida. Mas como sempre, a família pediu que, em vez de mandarem presentes, as pessoas doassem dinheiro a um amigo em necessidade. Colleen escreveu em nome de Haatchi: "*Depois de pensarmos muito, decidimos comemorar [meu aniversário] fazendo o que mais amamos: ajudando pessoas.*" Colleen prosseguiu explicando que Matt Elworthy, irmão de um amigo dela, fora diagnosticado com câncer cerebral e precisava juntar dinheiro para o tratamento que prolongaria sua vida. "*Em vez de comprar presentes para mim, cada membro da minha família vai doar uma libra para*

Haatchi & *Little B*

Matt, e eu gostaria de convidar vocês a se juntarem a nós. O tratamento fará com que ele tenha a chance de ver sua filha de 6 meses comemorar seus primeiros aniversários, o que acreditamos valer mais do que qualquer dinheiro no mundo... Muito obrigado. Sua generosidade vai ser o presente de aniversário mais melhor de todos que eu poderia receber."

Logo depois disso, na nova sede da Nutriment Raw, em Camberley, a família participou de uma festa de aniversário para Haatchi aberta ao público. Os fãs e amigos puderam conhecer não só Haatchi e Little B, como também o lugar onde a empresa fornecedora dos seus alimentos opera e ver como os produtos eram feitos. Foi um enorme sucesso, e ainda houve uma reunião com James Hearle, da Dogs and Kisses, e Sara Abbott (que havia pintado o retrato de Haatchi), além de uma amizade nova, Donna, que deu a eles um lindo bolo cuja cobertura era uma imagem de Haatchi e Little B lendo juntos. Aquele foi mais um momento de generosidade espontânea que a dupla parecia provocar em estranhos.

Fiona Simpson, uma escocesa que vivia em uma floresta na Noruega, proporcionou outro momento incrível. Ela, que vira Owen e Haatchi no Facebook e ficara encantada quando eles ganharam o prêmio do Crufts, tinha como hobby fazer "cachorros fofos" de papel machê e presenteá-los a seus amigos ou leiloá-los para instituições de caridade de animais. Assim, ela fez um cachorrão Haatchi com três patas e um focinho cheio de pintinhas e o enviou à família Howkins-Drummond. Eles adoraram, e logo postaram uma foto dele nas redes sociais. Fiona, então, foi inundada por pedidos de pessoas que queriam uma miniatura de seus próprios cães ou de Haatchi. Por achar errado ganhar dinheiro com a imagem de Haatchi, e sabendo que a família fazia muito trabalho beneficente, Fiona sugeriu fazer apenas um Haatchi e leiloá-lo para uma instituição de caridade da escolha da família.

Haatchi e Owen escolheram a Muffin's Dream Foundation para crianças com deficiência e suas famílias, e o primeiro leilão no eBay arrecadou 105 libras. "Não tenho condições de dar dinheiro a instituições de caridade", disse Fiona, "mas essa é a minha maneira de fazer alguma coisa." Desde aquele leilão ela tem sido bombardeada com mais pedidos e encomendas de seus cães de trinta libras — é o bom carma de Haatchi continuando a fazer mágica. Ela planeja fazer e leiloar mais cachorrinhos no futuro para qualquer instituição de caridade escolhida por Owen e Haatchi.

Outro grupo que se apaixonou por Haatchi e Owen foi o dos estudantes de cinema que adoram cachorros Jonna McIver, Carl Frazer-Lunn e Jodi Rose Tierney, da Universidade de Hertfordshire. Os três descobriram Haatchi na internet, e então, no começo de 2013, perguntaram para os familiares dele por meio do Facebook se eles queriam participar de um curta-metragem como parte de um trabalho de fim de ano para o curso de Produção de Filmes e TV. Will e Colleen concordaram imediatamente, então Jonna, a diretora e produtora, Carl, operador de câmera e editor, e Jodi, assistente de direção e operadora de som, foram encontrá-los.

Haatchi & *Little B*

"Nós tínhamos visto fotos dos dois e achamos que eles pareciam incríveis", explicou Jonna. "Também achamos que a história deles era boa demais para não ser filmada — pela condição de Owen e por tudo que Haatchi teve que superar. Mas não estávamos preparados para como a ligação entre eles era especial."

Owen estava na escola quando eles chegaram. Assim, eles conheceram Haatchi primeiro, e ficaram surpresos ao ver como ele era grande e calmo. Jonna disse que "havia algo de excepcional" nele, difícil de definir. "Então, Owen chegou em casa e imediatamente vimos o elo entre os dois. Owen é incrível. Aos 7 anos, ele nos oferecia chá e perguntava se precisávamos de alguma coisa. E o tempo todo ele permaneceu sentado ao lado daquele cachorro gigante que observava todos os seus movimentos."

A equipe do documentário sabia, intuitivamente, que tinha encontrado um tesouro. Nos dois meses seguintes, os três seguiram a família como cachorrinhos (como Haatchi diria). Filmaram Little B brincando com Haatchi e seus brinquedos, relaxando em casa e no parque local. A câmera captou o menino restrito por seus músculos se esforçando para largar o andador e subir na cadeira de rodas. Planejando uma montagem com ilustrações infantis do pobre Haatchi nos trilhos de trem, eles pediram que Owen descrevesse a cena para colocarem de voz over.

"Vou contar uma história... Haatchi foi atropelado por um trem", disse Little B. "A Sociedade Protetora dos Animais encontrou Haatchi, e então Ross e James o adotaram. Aí ele estava se sentindo mal e veio para a nossa casa!" Suspirando, Little B acrescentou: "Ele cuida de mim e é especial... Eu sou muito feliz. Tudo mudou na minha vida quando Haatchi chegou... Eu tinha medo de estranhos, mas ele mudou minha vida para eu não ter mais medo das coisas."

A equipe ainda não havia decidido como terminar o filme quando a família soube que era finalista do prêmio Friends for Life, do Crufts. O Kennel Club deu aos alunos acesso total para que pudessem filmar o final feliz de Owen recebendo o prêmio.

"Ver uma criança que sente dores o dia todo, todos os dias, ser tão feliz e animada foi algo que nos ensinou muito", afirmou Jonna. "Não dá para saber a dor que ele sente. Acabamos tendo uma conversa muito bacana com Owen e com o restante da família, e foi maravilhoso ver o verdadeiro Owen, aquele que ilumina a vida das pessoas quando as conhece e deixa a timidez de lado."

Jonna, que pretende se tornar diretora profissional de documentários, disse que a tarefa mais difícil foi decidir quais partes cortar, pois havia uma grande quantidade de material bom, incluindo a família Howkins-Drummond emocionada ao receber o retrato de Haatchi feito por Sara Abbott. Foi uma alegria poder usar algumas das cenas mais engraçadas nos créditos, em que Little B brincava fazendo sua mão desaparecer dentro da manga, explicava como estava feliz e passava chocolate derretido no nariz enquanto assava um bolo com o pai.

No dia 4 de junho (quando Haatchi ainda estava na reabilitação em casa), Will, Colleen e Owen viajaram para Hatfield para apoiar seus novos amigos no prêmio

ITV de Documentário — parte do Visions Festival de 2013, da universidade —, para o qual o curta-metragem de nove minutos *A Boy and His Dog* foi indicado. Depois de assistirem a todos os outros candidatos aos prêmios de entretenimento, ficção e documentário, e de ficarem impressionados com a qualidade e variedade dos assuntos abordados, todos ficaram radiantes quando *A Boy and His Dog* ganhou o prêmio principal de documentário, marejando os olhos de dezenas de pessoas na plateia — incluindo Will e Colleen.

Por uma noite, pelo menos, todo mundo teve um final feliz.

E mais notícias boas chegaram quando o filme também foi indicado ao prêmio BAFTA de curta-metragem, em 2014.

Foi nessa época que Owen começou a reclamar que seu quadril doía. Seu pai sabia que, devido aos fortes anticonvulsivos e relaxantes musculares que ele tomava todos os dias, Little B devia estar com muita dor mesmo para ter sentido algo novo. Ele foi levado de volta ao Hospital de Southampton para alguns exames, e depois deles os médicos decidiram fazer um exame de raio-X de seu quadril pela primeira vez em cinco anos. As imagens foram ainda mais chocantes do que as que eles tinham visto recentemente da perna torta de Haatchi.

Ver a deterioração dos ossos do filho marcou aquele dia como um dos piores da vida de Will.

Os ortopedistas especialistas de Owen tinham avisado que ele poderia precisar, algumas vezes na vida, de peças que repusessem o quadril, mas acharam que isso só aconteceria quando ele parasse de crescer, provavelmente no fim da adolescência. No entanto, antes de poderem avaliá-lo totalmente dessa vez, quiseram fazer ressonâncias detalhadas da parte inferior de seu corpo.

Para manter Little B totalmente informado, e também como um tipo de presente, ele pôde entrar na sala de radiografia do hospital para ver as imagens e observar as articulações de seu quadril em 3D na tela.

Observando em silêncio, Will e Colleen viram, pela primeira vez, que os dois lados do quadril de Owen estavam deslocados devido à constante pressão dos músculos, que se contraíam ao redor dele, e uma das articulações redondas se desgastara a ponto de ter seu tamanho reduzido pela metade. Ao ver as imagens em preto e branco do estado do esqueleto do menino de 7 anos, Will se deu conta do longo caminho que eles ainda tinham para percorrer. "A deterioração era inacreditável", disse ele. "Qualquer outra pessoa estaria chorando de dor, mas Owen tem uma capacidade muito maior de suportar dor."

Mesmo que seu quadril tivesse sido examinado antes e ele houvesse passado por uma cirurgia de reconstrução dolorosa, seu médico Michael Uglow acreditava que não teria feito diferença devido à forte pressão do músculo. "Devido à natureza grave de sua doença", explicou ele, "é possível que, mesmo se eu tivesse recomendado a reconstrução há alguns anos, o quadril de Owen ainda assim pudesse ter se deslocado. Estou bastante aliviado por não termos errado ao submetê-lo a uma cirurgia tão complexa."

O doutor disse que, a menos que houvesse importantes mudanças em implantes, como articulações magnéticas para impedir que elas se deslocassem, ele não acreditava que as substituições fossem realistas no caso de Owen.

O fluxo de sangue para o quadril de Little B era outro motivo de apreensão. Os especialistas em ortopedia se preocupavam com a possibilidade de haver um fluxo sanguíneo insuficiente ou prejudicado para as articulações e precisavam realizar mais exames. O medo era de que mais células do tecido ósseo morressem sem circulação adequada — um problema conhecido como necrose, que pode levar à perda total da articulação.

O primeiro médico de Owen, o Dr. Thomas, admitiu mais tarde que Owen poderia se tornar menos móvel e precisar do que ele chamava de "intervenção cirúrgica problemática". O médico comentou que sempre torceu para que isso não ocorresse, ainda mais com "um rapazinho tão feliz", que sempre tinha algo engraçado a dizer. No entanto, ele sempre alertara a família de que era impossível prever o que aguardava Owen, devido a sua deterioração nos últimos anos. A esperança do médico era de que o desenvolvimento físico e o crescimento de Little B pudessem alterar esse caminho para melhor no futuro.

"Encontrar Owen é sempre um grande prazer", disse ele, "e o que mais gosto nele é que, para alguém que não pode fazer muitas das coisas que ele deveria estar fazendo nessa idade, ele quase não reclama. A família passou por maus momentos, e continua fazendo o melhor para ele, mas sempre de maneira razoável."

Tudo o que os médicos podiam oferecer a Owen por enquanto eram injeções de esteroides nos tecidos a cada seis meses, que deveriam ser aplicadas sob anestesia geral. A primeira foi agendada para agosto, uma semana depois do casamento de Will e Colleen.

Little B já tinha passado por muitas coisas em seu pouco tempo de vida, mas enfrentara cada novo revés de modo admirável graças ao amor e ao apoio de sua família, e graças a Haatchi. Quando os relaxantes musculares afetaram sua visão e seu equilíbrio, ele se esforçou mesmo assim. Passar de um andador para uma cadeira de rodas fora um passo importante, mas, com a ajuda de todos, Owen transformara até mesmo isso em algo positivo. Então, ele tivera de se adaptar a usar o oxigênio todas as noites, e também a tomar mais remédios para os problemas estomacais constantes que eram um efeito colateral dos dois remédios e da síndrome.

Agora, ele enfrentava o maior desafio de todos: sua primeira cirurgia crítica e a redução, ou até mesmo perda, da sua pouca mobilidade. Will e Colleen sabiam o que os médicos tentavam lhes dizer, mas não conseguiam assimilar. Quando saíram do hospital com Owen, Will estava nervoso demais para dirigir.

No dia seguinte, ele entrou em contato com as poucas pessoas que conhecia no mundo com experiência direta com a síndrome de Schwartz-Jampel para perguntar se alguma delas teve problemas no quadril. Quase todas disseram que sim. Muitas haviam sido submetidas a operações de substituição, e o deslocamento das articulações parecia comum, assim como a perda da mobilidade.

Com a força de sempre, Little B assimilou as poucas informações que recebeu e refletiu sobre tudo em sua cabecinha. Em casa, ele entrou na casinha onde seu amado Haatchi se recuperava da complexa cirurgia feita na perna. Owen vira a coragem com que seu cachorro havia enfrentado a dor e a frustração das semanas anteriores e se sentiu inspirado por ele.

Em uma das várias conversas secretas entre os dois, Owen contou a seu melhor amigo que ele também talvez fizesse uma cirurgia. Se fosse o caso, que exemplo melhor o menininho poderia ter? Quando já estava pronto para ir para a cama, Little B parecia ter decidido que ele e Haatchi conseguiriam enfrentar os problemas juntos, como sempre fizeram.

Mais uma vez, Will e Colleen chegaram à conclusão que o destino aproximara o menininho e o cachorrão. Sinceramente, esperavam que a ligação admirável que eles compartilhavam os mantivesse firmes nos momentos difíceis que estavam por vir.

Felizmente, a família tinha algo maravilhoso pelo que ansiar: o casamento no verão. Depois de tudo o que haviam passado desde que Will enviara um sorriso a Colleen quatro anos antes, aquele era o dia pelo qual todos estavam esperando.

Desde o momento em que ele a pediu em noivado na Escócia, no verão de 2010, o casal estivera determinado a incluir Owen em todos os aspectos dos planos para o casamento. Will até pediu conselhos ao filho sobre a aliança de noivado. O casal sabia intuitivamente que, com sua cabeça tão madura para a idade, Little B seria parte fundamental de todo o processo. Eles queriam que o dia fosse tanto dele quanto do casal.

O casamento não mudaria muito a rotina dos dois; Colleen apenas se tornaria oficialmente a madrasta de Owen. "Deve ser confuso para uma criança com pais divorciados, cuja mãe muitas vezes está trabalhando longe; mas felizmente nós nos demos bem desde o início", afirmou ela. "Só uma vez ele me perguntou se poderia me chamar de 'mamãe', e eu delicadamente disse que ele já tinha uma mãe. Às vezes, quando está sendo brincalhão, ele me chama de 'mamãe', mas eu faço uma cara de que não concordo. É importante Owen saber que a mãe dele é a Kim. Não é algo de que ela deva abrir mão nem que eu deva assumir. É graças a ela que ele está neste mundo, e serei eternamente grata a Kim por isso."

O casal começou a procurar um local onde pudesse realizar a cerimônia e a recepção. Os dois levaram Owen para conhecer todas as possibilidades. Era preciso que fosse um local plano, ao qual ele tivesse acesso fácil e pudesse usar o andador e a cadeira de rodas. Tinha que ser perto dos hospitais de Basingstoke ou de Southampton, para o caso de Little B não se sentir bem. Também seria ideal que não fosse longe demais da casa onde moravam, para não terem que lidar com a logística de instalar um concentrador de oxigênio, se ficassem até tarde.

Colleen já tinha visto programas de TV em que as mulheres gastavam milhares e se tornavam *bridezillas*. Ela não queria nada assim. O casal só queria ter um dia romântico à moda antiga, com flores, velas e alguns convidados cuidadosamente escolhidos. Eles acreditavam terem encontrado o local perfeito, que seria iluminado por velas, mas quando tomaram a decisão de Will sair da RAF, tiveram que descartar aquela opção devido ao custo. Com apenas uma renda, o dinheiro era pouco e, apesar de saberem que havia muitas pessoas em situações piores do que a deles, tinham que ponderar muito. Além disso, queriam ter certeza de que estavam se casando pelos motivos certos. Em seu modo prático de neozelandesa, Colleen ficava se lembrando de que o casamento era "apenas uma refeição e uma bebida antes de assinarmos um pedaço de madeira morta para dizer ao mundo que nos amamos".

Cortando tudo o que era "um desejo, não uma necessidade", Will e Colleen decidiram que o mais importante era que Owen tivesse um dia incrível. Assim, resolveram realizar um evento muito menor para celebrar o fato de que passariam o restante de suas vidas juntos. Após alguma procura, encontraram o Barton's Mill, um pub agradável em um local que fora um moinho d'água à beira do rio Loddon, em Old Basing, a 15 minutos de onde moravam. Lá havia um lago e um restaurante antigo ao lado. O melhor de tudo era que o Barton's Mill tinha permissão para realizar casamentos civis, além de a maior parte do estabelecimento ser em um único andar. Parecia perfeito, mas Will e Colleen ainda estavam preocupados com os custos. Eles levaram Owen e Haatchi para conhecer o lugar, cujos donos ficaram tão encantados com os dois que ofereceram um desconto, o que de repente tornou o evento possível, dentro do orçamento do casal.

Sentados no gramado da frente, bebendo e comemorando por finalmente terem encontrado o local ideal para a cerimônia, Will, Colleen e Little B não poderiam estar mais felizes. Depois de já terem definido o lugar, só precisavam decidir todos os detalhes, e, conversando animados sobre os planejamentos, Colleen mal podia esperar para começar. Haveria cerca de cinquenta convidados na cerimônia e na recepção, e então mais cinquenta na festa, à noite. Os jardins do pub ficavam a alguns metros de uma ponte vitoriana de tijolos aparentes sobre um rio, o local perfeito para fotos.

Haatchi, deitado ao lado deles, de repente se sentou, com os músculos tensos, e começou a tremer todo. Colleen e Will perceberam imediatamente e se perguntaram se ele poderia ter comido algo que não lhe fizera bem. Então, ao acariciá-lo, Colleen ouviu algo que fez seu sangue gelar.

"Ai, meu Deus!", gritou ela. "É um trem. Um trem vai atravessar a ponte! Ele está ouvindo!"

Desde que haviam resgatado Haatchi, eles tomavam o cuidado de nunca levá-lo a uma estação de trem ou para perto de uma linha férrea, pois ele talvez sofresse um tipo de flashback. No Barton's Mill, por acaso, eles estavam sentados embaixo de um enorme viaduto por onde passava o trem de Londres a Plymouth via Basingstoke. Até aquele momento, eles nem sequer tinham percebido que o local ficava próximo a uma ferrovia.

Haatchi & *Little B*

Como treinadora de cães, Colleen sabia que o modo como eles lidassem com a situação nos minutos seguintes seria decisivo para o futuro de Haatchi. Portanto, virando--se de costas para o animal assustado, ela sussurrou para Will e Owen: "Não olhem para ele e não reajam!"

Muito preocupados com seu querido animal de estimação, eles se esforçaram para não tentarem tranquilizá--lo enquanto Haatchi tremia ao ouvir o som da locomotiva se aproximando, que deve tê-lo lembrado daquela noite fria de janeiro, quando quase morreu.

Pelo canto do olhos, Colleen viu Haatchi olhar com ansiedade para ela, Will e Little B enquanto o trem passava bem acima de onde eles estavam. Suas orelhas estavam baixadas, e o toco do rabo também. Enquanto eles prendiam a respiração, o trem passou, e Haatchi finalmente parou de tremer. Então, ele inclinou a cabeça confuso ao perceber, com aparente surpresa, que além de estar vivo, ninguém de sua família parecia minimamente preocupado.

Olhando para eles como se dissesse "Ei, não aconteceu nada!", Haatchi relaxou e se deitou na grama de novo para lamber as patas, confiante de que estava seguro.

Foi um momento assustador para todos eles. E também muito emotivo. Assustado, Haatchi poderia muito bem ter corrido do barulho, o que teria provocado enorme dano à sua perna. Colleen sabia que eles jamais teriam conseguido contê-lo se ele tivesse tentado fugir. Mas Haatchi confiara que sua família o manteria seguro, e demonstrara mais uma vez que, apesar de um ser humano ter lhe feito algo terrível, ele perdoara toda a humanidade.

8

"Para amar-te e respeitar-te, na alegria e na tristeza, na riqueza e na pobreza, na saúde e na doença, até que a morte nos separe."
Votos tradicionais de casamento

MESES DE CUIDADOSO planejamento tinham sido dedicados àquele dia que Colleen e Will esperavam ser o melhor de suas vidas. Assim que marcaram a data e o local, começaram a pensar em todo o resto que precisava ser organizado.

A querida tia de Colleen, Tui, viria da Austrália para caminhar com ela até o altar. A origem do nome de Colleen era o nome do meio de sua tia Tui. Seu primeiro nome é o de um passarinho popular na Nova Zelândia. Algumas das lembranças de infância mais felizes de Colleen envolviam essa tia, assim, ela estava muito ansiosa para revê-la e apresentá-la à incrível família da qual passara a fazer parte.

O casamento todo seria só para os familiares, porque até mesmo a florista, Sue Pritchard, era parente. Ela era sogra da irmã de Will, Esther, e especialista justamente nos tipos de rosas, ervas e flores selvagens antiquadas que o casal queria. O corredor que levava à área onde os votos seriam pronunciados estaria decorado com minilavandas, e as mesas da recepção teriam arranjos de menta fresca, alecrim e louro. O buquê de Colleen seria feito com rosas de um cor-de-rosa escuro — uma chamada Paz e outra, Amnésia —, e Will e Owen usariam rosas que combinavam na lapela.

A comida era muito importante para os dois: eles queriam um banquete bom e rústico, sem nada muito moderno, e o Barton's Mill oferecia um cardápio perfeito de três pratos, com um bufê completo à noite. O bolo de casamento teria três andares com cobertura lilás bem clara, com flores de açúcar e borboletas, e os confeiteiros também fariam biscoitos especiais em forma de osso para Haatchi.

Colleen ficaria em um hotel quatro estrelas da região, o Audleys Wood, com suas duas madrinhas, a mãe, a tia e algumas amigas, na véspera do casamento, o que significava que o motorista do Austin 12 de 1929 que eles tinham alugado poderia levar primeiro Will, Little B e Haatchi ao local, antes de voltar para buscá-la.

Jenny Hawkes, amiga de longa data, foi uma das madrinhas, e seu marido, Zaren, foi o cerimonialista. A outra madrinha era a amiga e colega Lisa Ford.

Colleen sempre quisera um vestido de casamento diferente dos demais. Ela não ligava muito para o branco ou o pérola tradicionais, e acabou encontrando exatamente o que queria on-line: um vestido de seda cor-de-rosa escuro com um corpete de renda feito pela designer australiana Mariana Hardwick. Suas madrinhas usaram vestidos de chiffon combinando.

Quando a avó Sylvia faleceu, a mãe de Colleen pediu para que ela escolhesse qualquer coisa que quisesse de seus pertences. No momento em que olhou ao redor do quarto, Colleen quase pôde ouvir Sylvia lhe dizendo para apanhar uma determinada caixinha, dentro da qual havia um broche de prata no formato de uma borboleta. Borboletas sempre foram muito especiais para Colleen; então, ela escolheu essa peça, que se tornou seu pertence mais precioso. Para o "algo velho",[1] Colleen prendeu o broche no tecido de cetim cor-de-rosa do sapato para sentir que sua avó atravessava o corredor com ela. O vestido era o "algo novo", no qual havia uma etiqueta "azul", e Colleen "pegou emprestada" uma fita para decorar o pulso. Nos cabelos, usaria grampos de borboleta e pérolas.

Will e Little B tinham alugado ternos cinza-escuro, coletes cor de mármore e gravatas cor-de-rosa. Owen guardarias as alianças simples de ouro em um bolso especial do colete.

O casal se divertiu muito escolhendo a música para aquele dia especial. Will e Colleen estavam determinados a colocar um pouco de humor no que sem dúvida seria uma cerimônia emocionante para todos; então eles cuidaram

---

[1] É tradição na Inglaterra que as noivas usem algo velho, algo novo, algo azul e algo emprestado no dia do casamento. [*N. do E.*]

Haatchi & Little B

para que, juntamente com as músicas mais importantes para eles, houvesse algumas escolhas mais leves. Depois de "Stand By Me", de Ben E. King, Colleen caminharia até o altar ao som de "I Will Love You", de um artista chamado Fisher. Ela a ouviu pela primeira vez num post do Facebook, de um amigo canino de Haatchi que atende pelo nome de Malibu Thomson, Embaixador do Amor para os Idosos. Para acalmar as emoções, para o caso de elas ficarem muito fortes, o casal decidira descer do altar ao som de "I Fought the Law", do Clash.

Eles seriam casados por uma juíza de paz da região e, além de fazerem os votos tradicionais, um leria uma declaração pessoal ao outro que certamente faria lágrimas escorrerem, ainda que só dos dois. Os produtores Jonna e Carl, da Universidade de Hertfordshire, captariam todos os momentos em vídeo.

Entre os convidados para o dia especial, juntamente com a família, amigos e colegas, estavam David e Suzanne Brock, bem como Michael McVeigh. Angela Griffiths, da Greyfriars, compareceu com Joanne Cleeve, a primeira massagista de Haatchi, que ele conheceu no Crufts. Sue Crilly, da UKGSR, que eles tinham conhecido ao adotar Haatchi e também se tornara amiga, também estaria presente, e Jodi e Peter Kennedy chegariam dos Estados Unidos só para o casamento.

Quando decidiram se casar, Colleen e Will combinaram de, em vez de fazer uma lista de presentes de casamento — pois eles acreditavam já ter tudo de que precisavam —, pedir aos amigos e familiares uma contribuição para um passeio especial para Owen. O casal queria levá-lo a um local que proporcionasse a Owen toda a diversão que encantaria um garotinho de sua idade, e ao mesmo tempo o fizesse valorizá-lo. Então tiveram a ideia de visitar o Papai Noel na Lapônia, logo antes do Natal. Will e Collen sabiam que precisariam se organizar com a logística do oxigênio e da acessibilidade, mas acreditavam que valeria a pena. "Não queremos ser fatalistas, mas não sabemos qual é o prognóstico de Owen a longo prazo e gostaríamos que ele tivesse o maior número possível de lembranças boas", explicou Colleen. Eles decidiram colocar uma caixinha secreta na recepção para que as pessoas colocassem sua contribuição. Tudo aquilo seria uma enorme surpresa para Little B, por isso todos guardaram segredo.

Felizes com a decisão e gratos por Haatchi e Little B se manterem bem de saúde durante o longo planejamento do casamento, o casal esperava economizar o suficiente para ter uma noite de núpcias em um hotel seguida por uma bela lua de mel, a primeira viagem internacional deles juntos. Como Will pedira Colleen em casamento em uma casa na árvore, eles ficaram animados ao descobrir um resort de casas na árvore na Costa Rica. Assim, fizeram os depósitos, contentíssimos com a viagem de suas vidas.

Mas então, começaram a pensar melhor.

Primeiro, questionaram o custo de se hospedar em um hotel, uma vez que sua casa, perfeitamente confortável, ficava ali perto. Se simplesmente voltassem para casa após o casamento, não teriam que se preocupar com Haatchi e com Little B, pois ambos estariam em um ambiente fami-

Haatchi & *Little B*

liar, evitando estresse. "Owen já estava um pouco ansioso por ser o padrinho, então queríamos deixar tudo muito tranquilo, porque o estresse pode fazer mal a ele", explicou Will. Sendo assim, cancelaram o hotel.

Então, surgiu outra preocupação: onde deixar Owen por duas semanas durante sua estadia na Costa Rica? Na ocasião em que planejavam a viagem, Kim estava prestes a ser mandada para o Afeganistão, e certamente estaria fora do país na mesma época. Embora adorasse ficar com os avós em Devon, e apesar de a casa deles ter sido especialmente modificada, com uma rampa e uma máquina de oxigênio, ainda assim não queriam jogar toda essa responsabilidade para eles por um período longo, uma vez que Owen precisava ser monitorado à noite.

Além disso, havia Haatchi, que depois de ter escorregado e se ferido, deixou Colleen muito dividida. Quem supervisionaria o cão enquanto o casal estivesse fora? Colleen e Will já tinham gastado todo o dinheiro da Caminhada Ai, Ai no tratamento dele e tiveram que pagar o restante com seus próprios recursos. Duas semanas de reabilitação em casa seriam caríssimas. Quando começou a pesquisar os custos da viagem de Owen à Lapônia, Colleen ficou ainda mais alarmada. Levar uma criança com necessidades especiais em uma viagem assim é obviamente muito caro, e Colleen se deu conta de que, se eles pretendiam pedir para as pessoas contribuírem, ela e Will não poderiam ter uma lua de mel tão extravagante. Quando ela contou a Will que cancelaria tudo e pediria o reembolso, ele ficou chocado. Estava muito ansioso para a grande viagem, tanto quanto ela, mas também sabia que Colleen tinha razão: a lua de mel seria um luxo muito grande.

Após decidirem não viajar para o exterior, eles se lembraram de Jan Wolfe, a amiga de Facebook que tinha casas para alugar, aonde era possível levar cachorros, na Propriedade Ardmaddy, em Argyll, a menos de uma hora de onde Will fizera o pedido de casamento. Eles entraram em contato e descobriram que a casa de um barqueiro aposentado, às margens de um lago, estava disponível para a última semana de agosto. Assim, eles poderiam levar Haatchi e Mr. Pixel junto e não teriam que pagar os custos de um canil. Poderiam comer o que quisessem, seria barato, e estariam no mesmo país de Owen — que ficaria com os avós em Devon —, para o caso de qualquer emergência.

Para fechar o acordo, uma semana antes do casamento eles tiveram notícias do veterinário Andy Moores, que disse estar muito feliz com o progresso do cão de três pernas, e que provavelmente Haatchi não teria que ser submetido a uma segunda cirurgia. Os últimos exames revelaram que, em termos de recuperação, Haatchi estava duas semanas à frente do que Andy esperava, graças a sua dieta e a toda a hidroterapia, e agora podia, aos poucos, aumentar sua atividade e a carga de peso dia a dia. Não teria mais que ficar dentro da jaula o dia todo, e poderia dar passeios tranquilos e também nadar com eles na Escócia.

O destino interviera de novo, e a lua de mel agora parecia certa.

Will decidiu passar o que ele chamou, de modo brincalhão, de sua "última noite de liberdade" sozinho com

Haatchi & *Little B*

seu filho. Eles foram ao cinema assistir à animação *Aviões*, em 3D, e então comeram um hambúrguer juntos, antes de irem para a cama. Ao dar um beijo de boa-noite no garoto, Will pensou na longa trajetória que eles haviam percorrido, e em como eram sortudos por terem Colleen e Haatchi em suas vidas.

Colleen jantou com as madrinhas Lisa e Jenny, além de amigos e familiares. Suas amigas já tinham feito uma despedida de solteira surpresa para ela em um hotel spa em Londres, além de um curso de culinária de Jamie Oliver. A única tristeza de Colleen era por seus avós não poderem estar lá para compartilhar de sua felicidade. Eles tinham sido sua inspiração e os exemplos perfeitos de conduta, conhecidos por sua gentileza e generosidade. Um dia, Colleen perguntara à avó qual era a receita secreta para um casamento feliz. Sylvia disse à neta que a comunicação era o elemento mais importante, principalmente ouvir as coisas que não se quer ouvir. Gritar nunca resolve nada, ela afirmou, porque ninguém dá atenção às palavras. Acrescentou ainda que o casal deveria se beijar na boca todos os dias, pois isso era vital, uma das coisas mais íntimas que um casal pode fazer, pois demonstra confiança total, plena. Ela alertou Colleen: "Seu casamento estará com problemas no dia em que vocês pararem de se beijar." Colleen fez a mesma pergunta a seu avô, sobre a receita para um casamento feliz. Sem hesitar, ele tirou o aparelho auditivo da orelha e disse: "É esta! Só!"

O esperado dia do casamento de Will e Colleen, sábado, 17 de agosto, amanheceu cinza e nublado, mas nada poderia desanimá-los. Quando acordaram naquela manhã — em locais separados, como rezava a tradição —, eles eram só sorrisos, sem problema algum com que se preocupar.

A madrinha Lisa — que também trabalhava como cabeleireira em meio período — deixou os cabelos de Colleen anelados enquanto ela conferia as unhas das mãos e dos pés. Jenny ajudou Colleen a se preparar.

A alguns quilômetros dali, Will ajudava Owen a vestir seu terno, e em seguida eles colocaram uma coleira nova, xadrez, nas cores roxa e branca, no enorme pescoço de Haatchi. Will percebeu que o filho estava nervoso, por isso ficou feliz por ter algo para distraí-lo.

Após vestir seu terno, Will entregou a Little B seu primeiro relógio, como presente por ser o padrinho. Encantado, Owen o cumprimentou dizendo: "Toca aqui!" Observando o relógio por trás das lentes de seus óculos, Little B admirou seu design em borracha preta e com mostrador ampliado, e durante o restante do dia se ofereceu com orgulho para informar as horas a quem se interessasse.

Nas semanas que antecederam a data, o casal levara Haatchi de volta ao local do evento várias vezes para ter certeza de que ele estava totalmente acostumado com o barulho dos trens. "Sempre que ouvia um trem passando, ele ficava bem", disse Will. "Haatchi olhava para cima, inclinava a cabeça, observava nossa reação e se acalmava ao ver que não fazíamos nada. Ele é inteligente e entendeu tudo sozinho. Parece incrível que só o tenhamos há 18 meses — a sensação é de que Haatchi sempre esteve conosco —, mas nesse período ele aprendeu que agora nós cuidávamos dele e faríamos qualquer coisa que estivesse ao nosso alcance para que nada nunca mais o machucasse."

No pitoresco cenário do moinho d'água, com os equipamentos industriais e a roda d'água como características importantes da sala onde eles fariam seus votos, amigos e familiares chegaram cedo para dar todo o apoio a Will e Owen. Os convidados americanos Jodi e Peter Kennedy adoraram conhecer todo mundo, e Jodi achou os acontecimentos do dia profundamente emocionantes. "Existe uma forte ligação com a alegria nessa família", disse ela. "Eles enfrentaram desafios tão difíceis, mas mesmo assim são um exemplo incrível de como valorizar os presentes da vida, e fazem com que nos lembremos do que realmente é importante."

O marido dela disse que os amigos nos Estados Unidos os consideraram malucos por viajar até o Reino Unido para participar do casamento de duas pessoas que eles só conheciam pela internet havia alguns meses. Mas ele afirmou: "Will, Colleen e Owen nos ensinaram muito. Eles retribuem a todos. Nós aprendemos muito sobre humildade pela maneira como eles levam a vida. Certamente mudaram a nossa."

A mãe de Colleen, Kathryn, sentiu-se imensamente orgulhosa de sua filha e do futuro genro. Ao observar Owen no casamento, ela disse que não o teria reconhecido como o menininho retraído de quatro anos antes. "Ele é tão sociável e engraçado agora. Graças a Colleen e Will, e sobretudo a Haatchi, Owen se tornou muito mais extrovertido. Eles são uma familiazinha adorável."

Tia Tui, resplandecente em um vestido de plumas, acrescentou: "Fui apresentada a Owen quando Colleen e Will se conheceram, mas ele tinha muito medo de gente nova, naquela época. Agora Owen está totalmente diferente e não consigo parar de olhar para ele, porque a transformação foi incrível. Eu já tinha ouvido muito a respeito do cachorro de três pernas, mas finalmente conhecer Haatchi foi emocionante. O que ele tem feito para Owen é incrível. Os dois são tão lindos, adoráveis e fora do comum."

Apesar da chuva, o casamento transcorreu lindamente, mas Will não conteve as lágrimas ao ver Colleen caminhar em direção ao altar com Tui. A transformação, ele disse depois, foi "de tirar o fôlego". Quando Tui e as madrinhas começaram a chorar também, caixas de lenços foram distribuídas rapidamente. Haatchi demonstrou sua emoção latindo alto e batendo a pata da frente na mesa, e, em seguida, em Colleen. "Ele não estava acostumado a me ver toda arrumada", comentou ela mais tarde. "E muito menos a me ver chorar. Acho que quando Haatchi ouviu minha voz, percebeu de repente que a mulher com o vestido era eu e quis um pouco de atenção."

Enquanto Owen tirava algumas fotos com a câmera de sua avó Joan, o casal que percorrera um longo caminho deu as mãos, olhou um para o outro e, depois de pronunciarem os votos oficiais, disseram os que eles mesmos haviam escrito.

Rindo e chorando ao mesmo tempo, Will falou para a noiva: "Eu, Will, diante de todos esses malucos presentes, aceito este pedaço de mau caminho como minha esposa,

Haatchi & Little B

minha amiga, minha amante, minha bolsa de água quente e companheira na vida. Cuidarei de você e protegerei você, proverei a você, estarei ao seu lado e direi quando você estiver sendo chata, e vou adorar tudo em você.

"Prometo te amar incansavelmente em momentos perfeitos e nos somente fabulosos, independentemente de quantas vezes você se distrair com o Facebook ou com o canal de investigação criminal, o que, devo confessar, me deixa um pouco nervoso, ainda mais quando você assiste a *As verdadeiras mulheres assassinas*.

"Juro, acima de todas as coisas, permanecer fiel às minhas palavras, ainda que, momentaneamente, eu me distraia com todas as suas lindas amigas. Juro que vou compreender você mesmo quando não compreender, admitir que estou errado quando por engano pensar que estou certo e levar flores para você pelo menos uma vez por semana, pois provavelmente terei algo pelo que me desculpar.

"Na presença desses malu... quer dizer, de nossa amada família e de nossos queridos amigos, eu lhe ofereço a promessa de ser seu parceiro fiel e amoroso; na saúde e na doença, nos bons e maus momentos, na alegria e na tristeza, eu lhe entrego meu coração, meu amor, minha alma. Amo você, agora e para sempre."

Quando conseguiu parar de rir, Colleen disse ao noivo: "Você torna o amor fácil. Para começar, viver no pecado valeu muito a pena. Já sei que você é capaz de tolerar meus hábitos irritantes.

"Você pega as canecas de café que deixo pela casa, me deixa dormir em meus dias de folga e sempre sabe onde meu celular e minhas chaves estão quando me desespero e saio gritando que alguém os escondeu.

"Com você aprendi a levar as coisas devagar, apesar de que teria gostado de chegar a este ponto um pouco mais depressa. Só o tempo me permitiria ver quem você realmente é. Você é generoso, amoroso, sensível, gentil e um pai brilhante para Owen."

Com a voz um pouco embargada, ela prosseguiu: "Eu, Colleen, aceito você como meu marido, meu amigo, meu amante, minha bolsa de água quente, meu companheiro na vida e meu parceiro da patrulha dos legumes na hora das refeições de Owen.

"Amarei você incondicionalmente, vou ajudá-lo em seus objetivos, respeitá-lo e honrá-lo, sem MUITO pesar, exceto às sextas-feiras. Sempre ouvirei o que você tem a dizer, mesmo que não concordemos — lembre-se de que amar é dizer 'eu penso diferente', e não 'você está errado' —, e continuarei a amar Owen como se ele fosse meu filho, ao me tornar oficialmente sua parceira nesta vida.

"Prometo amar você nos bons momentos e nos momentos meramente perfeitos, independentemente de quantas vezes você deixar as portas dos armários abertas pela casa como no filme *O sexto sentido*. Resistirei à vontade de bater em você com o rolo de massa quando deixar sacos de chá usados nos balcões de carvalho da cozinha, e confortarei você nos momentos tristes, inclusive nas temporadas ruins de rúgbi, críquete e futebol (principalmente quando a Nova Zelândia estiver humilhando a Inglaterra).

"Na presença de nossos familiares e amigos que insistiram em vir, prometo ser sua enfermeira na doença e na saúde, apesar de você ficar choramingando quando está de ressaca ou fazendo drama de que vai morrer quando tem uma gripezinha. Mas, acima de tudo, prometo amá-lo, em quaisquer circunstâncias, felizes ou tristes, fáceis ou difíceis, nos dias de sol e nos dias de chuva, pelo resto da minha vida.

"Sou a mulher mais sortuda do mundo, e não poderia me imaginar envelhecendo com mais ninguém, então vamos envelhecer juntos, vergonhosamente."

Owen, apoiado em seu andador no corredor a alguns metros, ficava conferindo as horas em seu novo relógio a todo instante. Will lhe dera uma tabela em estilo militar com os horários de quando cada parte da cerimônia aconteceria e quanto demoraria, e o menino queria ter certeza de que tudo seguia no tempo certo. Ele manteve as alianças de casamento dentro de um saquinho de veludo em um bolso especial, e as apanhou para admirá-las várias vezes antes e durante a cerimônia, e para ter certeza de que ainda estavam seguras. Quando chegou seu momento, Owen entregou as alianças com seriedade, uma a uma, no momento certo, olhando para o pai com orgulho.

Então Pat Morgan, a juíza de paz, perguntou se alguém se opunha ao casamento de Colleen e Will, e o silêncio tomou conta do lugar. Ela esperou alguns segundos a mais do que o normal, algumas pessoas acharam. Will e Owen tinham combinado que Little B diria "Não! Vamos logo com isso!", mas ele ficou com vergonha no momento crucial. A juíza de paz, então, olhou para Will e perguntou:

"Devemos esperar mais um pouco?" Mas Owen balançou a cabeça de modo decidido, e assim a cerimônia foi concluída; nem mesmo Haatchi se opôs.

Owen também se recusou a dizer uma de suas frases preferidas ao final da cerimônia: "Como diria Tommy Cooper: 'É isso aí!'" Sempre espontâneo, o menino de 7 anos se recusou totalmente a dizer isso.

Só houve um momento embaraçoso. Quando chegou a hora de assinar a papelada do registro, pediram a Colleen que escrevesse o nome completo do pai, mas ela não sabia. Sua tia Tui a ajudou, e então, a juíza de paz perguntou se ele ainda estava vivo.

"Está?", perguntou Colleen à sua tia, que riu, assentiu e disse à juíza que ela vira o irmão algumas semanas antes.

Colleen então perguntou à juíza se poderia constar na certidão de casamento apenas o nome da mãe, mas ela soube que a lei insistia que o nome de seu pai também constasse. Determinada a não deixar nada estragar seu dia, ela apenas sorriu e fez o que lhe foi solicitado.

Após a cerimônia, o alegre casal saiu quando a chuva deu uma trégua, para conversar com os convidados e bebericar champanhe antes da refeição. Em dado momento, Little B foi puxado para um canto por Carl e Jonna, que lhe perguntaram se gostaria de dizer algumas palavras à câmera para o vídeo do casamento. Respirando fundo, Little B sorriu, olhou direto para as lentes, como um profissional, e disse: "Querida Colleen e querido papai, estou enviando esta mensagem para dizer parabéns. Amo muito vocês e ainda não consigo acreditar que vocês se casaram!"

Sua emocionante mensagem certamente levaria às lágrimas qualquer espectador.

Toda a família de Will estava presente para parabenizá-lo, incluindo seus três irmãos com os sete filhos. Vários fizeram discursos cômicos. Sua irmã Esther estava grávida e prestes a dar à luz um menino, Seth. Dois meses antes, sua outra irmã, Bethany, ganhara uma menina, Ettie, e seu irmão Ed e a esposa ganharam sua filhinha Ada. Com três netos novos em um ano, a mãe de Will, Joan, disse que, apesar de a família saber que a síndrome de Owen era um "erro" causado por dois conjuntos de genes defeituosos, eles ficavam ansiosos sempre que uma nova gravidez era anunciada, e muito aliviada quando um bebê saudável nascia.

O fotógrafo do casamento, Nigel Rousell, ex-colega de Colleen e amigo da família, perguntou aos noivos se podia fotografá-los embaixo do viaduto ferroviário vitoriano. "Sim, mas acho que vamos deixar Haatchi de fora dessa", disse Colleen, observando o cachorro de três pernas deitado confortavelmente perto da lareira, sem pensar na proximidade dos trens. Sabendo que ele estava seguro e feliz, ela e Will tomaram um caminho de pedras para tirar as fotos e deixar registrado aquele dia especial.

Foi só quando eles voltaram ao salão do moinho d'água, momentos depois, que Colleen olhou para baixo e percebeu que o broche de borboleta da sua avó não estava mais preso a seu sapato. Tentando conter as lágrimas, ela não conseguia acreditar que havia perdido seu pertence mais especial.

A hora seguinte foi dedicada à busca sistemática por todos os cantos, no chão e nos caminhos. Jodi Kennedy

— a poderosa amiga dos Estados Unidos — tirou os sapatos de grife para caminhar descalça pelo gramado molhado, na esperança de conseguir sentir o broche ao pisar nele. Pediram ao motorista do carro antigo que verificasse dentro do veículo, e os funcionários e convidados foram convocados para procurar em todos os lugares por onde Colleen havia passado.

Desesperadamente preocupada, mas tentando não permitir que aquilo estragasse tudo, Colleen dizia a si mesma que o broche apareceria. E então, quando estava quase escurecendo, uma amiga de boa visão passou sozinha por um caminho e viu o broche brilhando na chuva.

Lágrimas de alegria logo substituíram as de tristeza e Colleen apertou o broche contra o peito. Sua mãe Kathryn disse, rindo: "Tenho certeza de que foi o modo que sua avó encontrou de dizer 'Não se esqueça de mim, também sou parte importante do seu dia!'."

Will pediu uma caneca de cerveja para celebrar e insistiu em guardar o broche em segurança no bolso de seu colete. Aliviado com a solução do problema, ele alimentou Haatchi e pediu a um amigo que o levasse para casa e o colocasse em seu "quarto" antes que as comemorações da noite começassem.

Little B deu um beijo de boa-noite em seu amigão e voltou a se divertir. Ele não participara da saga do broche; não por falta de interesse, mas por estar muito distraído se divertindo. Além da animação do dia, de seu relógio novo e de ser padrinho, sua grande distração foi — pela primeira vez em seus quase 8 anos de vida — aprender a soprar bo-

Haatchi & *Little B*

lhas de sabão. Colleen distribuíra garrafinhas de champanhe cheias de água com sabão em todas as mesas. Os recipientes de plástico eram pequenos o suficiente para que seu enteado os usasse. Segurando-os, Little B não se cansava de enfiar a varinha na água, e então observava para ver se o líquido estava pronto para ser soprado. Ele não abandonou seu novo passatempo nem mesmo quando Rhiannon Wolfe, um cantor que o casal contratara, começou a festa da noite com alguns clássicos do rock. Todos se reuniram para ouvir, e Little B aproximou o andador para poder mexer o corpo no ritmo da música, sempre soprando mais bolhas.

Mais tarde, depois da primeira dança de Will e Colleen, Owen dançou no colo deles uma música que escolhera pessoalmente, "I Gotta Feeling", dos Black Eyed Peas, cantando junto com a letra: "*I gotta feeling that tonight's gonna be a good night!*"

Então, para surpresa de todos, a música parou e Bill Howkins, avô de Little B, subiu ao palco com um violão e um microfone. Will explicou: "Existe uma tradição em minha família em que o pai compõe e apresenta uma canção em eventos especiais." E então disse aos convidados da fileira da frente: "Agora é a minha vez!"

E Bill, que toca em uma banda de bar por diversão, começou a dedilhar os primeiros acordes e a cantar sobre o amor do filho por fast food. "Ouçam a minha história, que costuma ser bem triste. Começa em Haslemere, com o nascimento de um rapazinho. Sua vida não foi fácil, ele se manteve na luta, até uma neozelandesa aparecer e ganhar seu coração."

Havia nove versos parecidos e um refrão contagiante, que todos cantaram junto. A estrofe final concluía: "Agora, conheçam o segredo de como ele encantou Colleen. Para mostrar que ele gostava dela e mantê-la interessada, ele a segurou, mas não sabia o que dizer. Então, Will sussurrou o que primeiro lhe ocorreu. E ao sentir seu coração acelerado e a respiração ofegante, ele confessou: 'Seus cabelos dourados são lindos, e eu amo seus olhos de cristal. Pelo calor de seu peito, já sei que você é calorosa!'."

Então, Bill passou ao refrão final e todos cantaram: "Pastéis e tortas, com uma garrafa de Coca e salgadinhos, Will sobreviveu. De Kosovo a Cabul, eles o testaram, mas Will conseguiu vencer com tortas em seu bucho!"

A única objeção de Colleen à canção foi a um dos últimos versos de Bill, que dizia: "Agora, desejamos o melhor a nosso William e a Colleen, que sejam abençoados. E Owen, rapaz, você tem um grande pai, ele é o melhor. E se quiser crescer como ele, sábio e forte, não coma feijões, nem legumes, nem verduras, só tortas e pastéis."

Enquanto seu avô cantava e Colleen balançava a cabeça incrédula, Owen ergueu o punho no ar e gritou: "Isso!"

Ficar acordado até muito depois do horário em que costumava dormir deu mais vigor a Little B. Pouco depois de a música terminar e ele soprar as últimas bolhas na direção de Will e Colleen na pista de dança, Owen desafiou todos os presentes a queda de braço, algo em que ele é naturalmente bom, graças a seus músculos pronunciados. Apoiado em uma almofada, a camisa social com a manga dobrada até o bíceps, ele gritava "Próximo!", enquanto todos, desde moças delicadas a oficiais fortes da RAF, iam sendo derrotados por sua habilidade. Durante uma partida de melhor de três, e depois de ter — de acordo com suas palavras — "trucidado" um oficial, Owen sorriu para ele com alegria e perguntou: "Quer dizer suas últimas palavras?"

Quando Jodi Kennedy foi derrotada, Little B logo fez um X enorme em um aplicativo de desenhar do iPad que estava ligado na mesa ao seu lado.

"Oh, isso é um beijo para mim?", perguntou ela, um tanto consolada.

"Não. Quer dizer 'perdedora'!", respondeu ele, e Jodi ficou chocada.

Não é preciso dizer que Owen permaneceu invicto.

Um dos últimos a sair com Will e Colleen, Owen mal conseguia manter os olhos abertos quando o pai estava levando seu homenzinho até o táxi que os esperava. De repente, alguém sentado do lado de fora os viu indo embora e gritou: "Ei! É o menino da televisão, não é? Ele é famoso!"

"É ele sim!", respondeu Colleen com orgulho.

O fã se aproximou depressa e pediu um autógrafo para Owen. Abrindo um sorriso cansado, Little B disse: "Você vai ter que ser rápido, estou muito cansado", e graciosamente assinou seu nome.

A nova família, enfim, foi para casa, e encontrou Haatchi à espera, depois de um dia cheio de lágrimas e risos. O Sr. e a Sra. Howkins-Drummond, exaustos e felizes, levaram Little B de volta para o lar que eles tinham criado juntos, gratos por tantas bênçãos.

9

"Mantenha o rosto no sol e não poderá ver a sombra."
Helen Keller

DEPOIS DE TODA a alegria e animação do casamento, Will e Colleen passaram a semana seguinte em casa para aproveitar as flores da cerimônia, ler todos os cartões e passar um tempo com tia Tui e os Kennedy, que tinham vindo de tão longe para vê-los. O aniversário de 8 anos de Little B também se aproximava, e as visitas queriam comemorar a data com ele antes de irem embora.

A única notícia ruim foi a última, sobre o quadril de Owen. Dois dias antes da lua de mel, Will e Colleen tiveram que levá-lo de novo ao Hospital de Southampton para as injeções de esteroides que os médicos esperavam que fosse ajudar a aliviar a dor. Antes de Owen sair para o hospital, Haatchi deu-lhe carinho especial e um "reforço de coragem", erguendo a pata da frente para puxar Little B para um abraço, para que as cabeças dos dois ficassem unidas e eles se olhassem nos olhos. Era como se Haatchi estivesse o tranquilizando de que tudo ficaria bem.

Com Owen sob efeito do analgésico (abraçando seu ursinho branco preferido para se lembrar de Haatchi), os médicos puderam aplicar uma injeção de cortisona no lado esquerdo do quadril e examiná-lo com mais atenção. Ele voltou ao estado consciente depois da operação sem se lembrar do que havia acontecido; tampouco parecia estar sentindo dor.

Little B foi levado à ala infantil para se recuperar e ficou aos cuidados de Colleen até uma enfermeira chegar para retirar as duas cânulas, ou tubos plásticos, que tinham sido inseridos nas veias de seu braço para administração de remédios. Sabendo que tinha de "ser forte", Owen perguntou se podia tirar as fitas adesivas sozinho. Então, Colleen e a enfermeira as molharam, na esperança de que não doesse tanto arrancá-las. Infelizmente, isso não adiantou. Assim, não houve opção a não ser arrancá-las mesmo com dor.

Quando chegou a parte de retirar os tubos, Little B olhou temeroso para Colleen e disse: "Queria muito que isso não tivesse que acontecer hoje." Apertando a mão dele, ela disse o mesmo.

Olhando ao redor para as outras crianças quietinhas em suas camas, Owen apertou forte a mão da madrasta, dizendo: "Você pode tapar minha boca se eu gritar, para não perturbar as outras crianças?" Os olhos dele estavam cheios de lágrimas, de medo da dor, e ela teve que se controlar para não chorar também.

Quando a enfermeira finalmente retirou as cânulas, Owen não conseguiu não gritar. Colleen tentou distraí--lo, fazendo barulhos ao colocar e tirar a mão dos lábios dele, e então acabou. Após alguns minutos, Owen estava sentado na cama jogando um de seus jogos preferidos no computador, tão distraído que, quando lhe perguntaram se queria tomar um banho para tirar as marcas de caneta de suas pernas antes de ir para casa, ele disse: "Estou no meio de uma guerra no momento, não posso te ajudar."

Colleen deixou Owen brincando e foi com Will conversar com os médicos que o haviam examinado. Embora o lado esquerdo do quadril não estivesse tão prejudicado quanto pensavam, a ponta dos dois fêmures estava muito plana e deformada. Foi confirmado que, como os músculos apertados empurravam o osso, um quadril formara um sulco na pelve de Owen.

A articulação do lado direito do quadril foi deslocada 5 cm de onde deveria estar, e estava mais para um lado. Eles disseram que ela havia se afastado demais para poder ser reposicionada.

Belen Carsi, a especialista em ortopedia pediátrica que explicou os resultados à família, admitiu que as notícias não eram boas. "Ambos os quadris estavam totalmente fora dos encaixes", disse ela. "A morfologia do osso destruiu a cabeça e o espaço onde ela se encaixava de tal modo que não havia chance de reconstrução. Além disso, a parte da pelve que tinha sido amassada pelo quadril era osso morto, agora."

Esse desenvolvimento preocupante significava que não havia por que os cirurgiões substituírem as articulações do quadril de Owen como tinham planejado, pois as novas simplesmente se deslocariam de novo. Os médicos também não conseguiram conferir o fluxo vital de sangue para os ossos, porque os músculos de Little B estavam contraídos demais para que eles tivessem acesso às artérias.

Os cirurgiões explicaram que se as injeções de esteroide não ajudassem Owen e ele continuasse com dor, a única opção seria cortar de 5 a 8 cm o topo de cada osso da perna para impedir que eles continuassem em atrito com outros ossos e os desgastassem. Isso provavelmente o condenaria para sempre a uma cadeira de rodas, porque não sobraria osso suficiente nas pernas para sustentar seu peso — sobretudo à medida que ele fosse crescendo e ficando mais pesado.

Belen Carsi disse que a operação que eles estavam sugerindo, em geral, era feita em pacientes com paralisia cerebral, mas mesmo assim só tinha 50% de chance de sucesso. A decisão deveria ser tomada com base em sua qualidade de vida, ela afirmou.

A notícia caiu como uma bomba.

Embora a maioria das pessoas visse Owen na cadeira de rodas quando ele saía em público, em casa o garoto usava seu andador para se locomover, ou se segurava nos móveis, usando cadeiras e mesas para se apoiar. A independência que isso lhe proporcionava era vital para sua autoestima, pois ele podia ir sozinho para seu quarto, para o banheiro, e até abraçar Haatchi sem ajuda.

Sempre otimista, e também engenheiro, Will começou a pensar em formas como o quadril do filho poderia ser reparado. Ocorreu-lhe a possibilidade de usar redes cirúrgicas elásticas, que costumam ser utilizadas em cirurgias de tendão. Quando colocados de volta no lugar, os tendões podem crescer ao redor da estrutura de fibras de polímeros.

Ele começou a desenhar diagramas e a brincar com modelos feitos de bolinhas de golfe dentro de bolas de tênis para tentar criar um tipo de solução inovadora de engenharia usando tecnologia de ponta. Também estudou a diferença entre articulações de cerâmica e de titânio.

Após horas pensando, Will finalmente teve uma ideia para uma "extensão" curva feita sob medida para o espaço de encaixe da pelve de Owen, que, ele esperava, seria parafusada no lugar para criar uma trava mecânica para suas articulações do quadril. Seu design permitiria que Little B caminhasse, ainda que não pudesse mover a perna para os lados nem para cima. De qualquer modo, ele já não conseguia mesmo fazer isso.

Quando o formato ficou claro em sua mente, Will começou a se informar sobre o patenteamento de sua nova invenção. Também decidiu pedir conselho aos principais cirurgiões do mundo, e, principalmente, aos especialistas em Boston e Baltimore que haviam tratado Ben Elwy quando ele teve um problema semelhante, com a mesma idade de Owen.

Quando alguns centímetros foram retirados da parte superior das pernas de Ben, aos 8 anos, o maior medo de seus pais era que ele não conseguisse usar o andador, mas isso não aconteceu. Ben ainda está com a cirurgia marcada para a substituição do quadril quando completar 16 anos.

Com sua nova ideia, Will esperava evitar essa cirurgia para seu filho. Ser tão proativo era a única maneira de Will para vencer o medo de que Little B nunca mais pudesse andar.

Determinado a aproveitar ao máximo o aniversário de 8 anos de Owen, o casal organizou uma festa pequena para amigos e família, incluindo Tui, Kathryn, Jodi e Peter, e todos o observaram abrir os presentes e os cartões. As novas armas Nerf, dadas por Will e Colleen, com acionadores automáticos, mais fáceis para ele usar, fizeram muito sucesso, além de algumas caixas de Lego, um alvo com dardos, uma arma a laser e um conjunto de bolas de bocha iguais às que ele vira nas Paralimpíadas.

Mais tarde, Will tirou fotos do filho vestido como alienígena, com um capacete espacial e o kit Nerf completo, e as postou com a legenda: "(Leva as mãos à cabeça e suspira) Isso é para eu aprender a não dizer a Owen que ele pode usar o que quiser na próxima consulta médica..." Em seu site pessoal, Will também postou uma foto de Owen sorrindo aos 2 anos de idade e escreveu: "Há oito anos vivi o dia de maior orgulho de minha vida. Quase todos os dias ele me faz rir e me mantém feliz. Eu não poderia ter desejado um filho melhor. Feliz aniversário, Owen. Amo você demais."

Somente após o aniversário de Owen ter sido adequadamente comemorado e seus amigos estrangeiros retornado a suas casas, Will e Colleen abriram todos os cartões do dia do casamento para ver quanto tinham conseguido arrecadar para a viagem surpresa de Little B à Lapônia, em dezembro. Eles precisavam de pelo menos 5 mil libras para passagens, quatro dias de acomodação e necessidades de Owen, e ficaram felizes ao ver que, graças à generosidade de seus amigos e familiares, arrecadaram quase metade do dinheiro. Deram a entrada na viagem e conversaram com a agência Magic of Lapland a respeito do que Little B precisaria. Os funcionários foram muito solícitos e se ofereceram para deixar a família ficar sozinha em um chalé, na fazenda das renas, em vez de se instalar em um hotel próximo com todo mundo, para evitarem a locomoção excessiva de Owen. Eles não se incomodaram com a máquina de oxigênio também e ofereceram um local adequado para que Little B pudesse brincar com os cães e fazer o safári na neve, como todas as outras crianças. As articulações rígidas de Owen sofrem muito no frio, então ele teria que se manter aquecido o tempo todo, e a empresa prometeu roupas térmicas para todos eles.

Will e Colleen queriam que a viagem fosse uma surpresa para Owen até entrarem no avião. Queriam muito ver a cara dele quando finalmente visse o Papai Noel. Mal podiam esperar.

Com tudo pronto para a próxima aventura em família, Will e Colleen deixaram Little B aos cuidados dos pais de Kim, Sara e Hugh, e finalmente foram para a Escócia no sol de agosto para uma semana muito feliz. Não era a casa na árvore costarriquenha com a qual tinham sonhado originalmente, mas a lua de mel foi tudo o que eles esperavam, e mais. O clima estava ótimo. Mr. Pixel e Haatchi se divertiram nas áreas abertas, e o casal enfim conseguiu relaxar.

Nos campos da Escócia, puderam deixar de lado as preocupações com o futuro de Owen por alguns dias e só aproveitar a serenidade de uma lua de mel naquele local idílico. Passeando, lendo e podendo dormir bastante depois de tantos meses frenéticos, eles aproveitaram as lindas paisagens, viram aves raras e até uma lontra no estatuário perto da bela casinha de campo branca, que logo passaram a chamar de "esconderijo de Haatchi".

Quando um gado das Highlands, curioso, apareceu na porta do quarto, eles postaram em nome do cão de três patas: *"Estou adorando o delivery escocês de comida crua. BOL!"* Em outro post, Haatchi se oferecia para experimentar o café da manhã que Will estava preparando para Colleen, e Jan Wolfe, dona das casas de veraneio, postou que eles tinham uma "celebridade canina" no local.

A hidroterapia de Haatchi prosseguia diariamente, com sessões de natação na água clara e fria do lago ao lado de um Mr. Pixel muito contente, que nadava atrás de bolas e gravetos até se cansar. Haatchi também caminhou na grama macia sem seu colete e adorou se mover mais livremente.

A lua de mel terminou cedo demais, e no caminho de volta para casa, no meio da estrada M6 e presos no trânsito, eles ficaram muito tentados a virar o carro e voltar.

"O local era perfeito demais e provavelmente nunca o teríamos encontrado se Jan não tivesse se tornado amiga de Haatchi on-line. Então, isso é outra coisa que devemos a ele", comentou Will.

Assim que retornaram à casa vazia telefonaram para Owen, que os assegurou de que estava se divertido muito em Devon com os avós e tia Katie. Ele havia ido ao fliperama da região e aproveitado um churrasco em família, mas, mais do que tudo, esperava sua mãe voltar do Afeganistão depois de três meses de ausência. A família de Kim levaria Owen à base da RAF de Brize Norton para surpreendê-la no reencontro. Apesar de Little B sempre falar com a mãe pelo Skype e poder deixar mensagens para ela quando quisesse, mal podia esperar para lhe mostrar seu novo relógio e contar todas as novidades. Kim, por sua vez, estava ansiosa para falar para o filho como conseguira juntar o equivalente a mais de 2 mil libras entre seus colegas no Afeganistão para sua nova cadeira de rodas Zippie, e que eles estavam se aproximando do valor total.

Haatchi melhorava a cada dia após suas férias na Escócia e tinha mais sessões de hidroterapia e esteiras marcadas para continuar fortalecendo a pata. Sua equipe de cuidadores na Greyfriars e em outros lugares criaram um caminho externo com obstáculos para Haatchi, que podia ser montado em casa para mantê-lo ágil e flexível mesmo quando o inverno chegasse. Assim como Owen, o cachorro sofria com o frio, portanto, o inverno nunca era o momento mais feliz para os dois; assim, mantê-los aquecidos e em movimento era importante.

Haatchi & Little B

Andy Moores, cirurgião de Haatchi, continuava a se impressionar com o fato de o animal ser sempre tão calmo, apesar de ter sido tratado com crueldade no passado e de ter sido submetido a muitos tratamentos veterinários na vida. Muitos cães que ficam em jaulas ou em locais fechados por muito tempo, ou que sofrem dor de cirurgia, se tornam difíceis e agressivos. Mas Haatchi tolerara isso tudo com graciosidade, a ponto de Andy considerá-lo o paciente perfeito.

Por isso foi tão surpreendente quando o delicado Haatchi passou a reagir mal a uma das pessoas com quem sempre estava em contato na terapia — um homem gentil de meia-idade que adorava animais e queria muito conhecer o famoso cão. Haatchi latia e rosnava de modo agressivo sempre que via o pobre homem, que ficava arrasado com sua reação. Ninguém conseguia entender o motivo, mas então Colleen notou que, com os cabelos pretos e a pele morena, ele deveria se parecer com o homem que fora visto perto da linha do trem onde o cachorro foi encontrado. "Dizem que os elefantes nunca esquecem, mas ficou claro que os pastores-da-anatólia também não", afirmou Colleen.

Em sua volta ao trabalho, Colleen começou a treinar para a Maratona de Londres 2014, que ela decidira correr para ajudar o White Lodge Centre, em Chertsey, que auxilia pessoas com necessidades especiais e oferece alívio a seus familiares e cuidadores, e ajuda em especial Alfie, filho de uma amiga dela, que tem paralisia cerebral.

Haatchi voltou para a hidroterapia e estava bem o suficiente para atuar de novo como cão terapêutico. Mas

Owen, cujo quadril ainda doía, apesar das injeções, tinha mais desafios a enfrentar. Começou um novo ano na escola e passou a ter que estudar mais. Os médicos estavam preocupados com sua apneia do sono, que piorara a ponto de bloquear as vias aéreas e interromper sua respiração à noite. Especialistas em otorrinolaringologia também alertaram para a possibilidade de ele ter que passar a usar uma máscara à noite, e também receber oxigênio por via nasal. Will torcia para que seu corajoso menino conseguisse se dar bem com o novo equipamento.

A lua de mel havia mesmo terminado para Will e Colleen, e a realidade de serem pai e madrasta voltou à vida deles com Haatchi e Little B. Eles não reclamavam, no entanto.

"Não pensei que pudesse amar Little B mais do que já o amava", disse Colleen, "mas ter a aliança de Will em meu dedo fez uma grande diferença, por algum motivo. Quando Owen voltou para nós, depois de ficar na casa da mãe, eu o enchi de beijos enquanto ele ria e se retorcia. Estávamos muito felizes por tê-lo de volta e muito ansiosos para começar a próxima fase de nossas vidas juntos, como uma família."

Não podiam prever o futuro e sabiam que ainda havia muitos desafios a enfrentar, sobretudo com Haatchi e Little B. Mas o que Will e Colleen sabiam era que se sentiam extremamente gratos por terem se conhecido e ajudado um ao outro a encontrar a felicidade, a aceitação e, acima de tudo, o amor.

Após um começo tão triste para todos, a família torcia e rezava para que tivesse encontrado seu final feliz.

Epílogo

*L*EVANTANDO A CABEÇA, ele farejou o ar com o focinho preto e molhado. Pensou ter ouvido um barulho, mas não tinha certeza do que era, então voltou a se deitar. Olhando para a direita e para a esquerda com seus olhos amarelos, ele se perguntou aonde seus humanos teriam ido e por que ele estava sozinho no escuro.

Será que alguém viria em breve?

Ouviu mais um barulho e mexeu o toco do rabo. O ruído vinha do quarto de Owen. Então ouviu alguém apertar o interruptor e a luz ser acesa. Pela jaula de seu quarto especial construído na sala de estar de sua casa para sempre, ele viu sua querida mãe se aproximando com o roupão fofo cor-de-rosa. Atrás dela, seu pai, usando o pijama azul da força aérea. Ele carregava nos braços o ser humano mais especial da vida de Haatchi: seu Little B.

Era uma manhã de segunda-feira qualquer na casa dos Howkins-Drummond, e os três humanos tinham acabado de acordar para enfrentar o dia. Owen iria para a escola, como sempre; Colleen logo iria trabalhar; e Will sairia e voltaria várias vezes, mas passaria a maior parte do tempo com ele e Mr. Pixel.

Antes de colocarem a água para ferver ou tomarem um banho, eles surgiram sonolentos de seus quartos e andaram, bocejando, ao local onde o enorme pastor-da-anatólia passava as noites. Abriram a porta do quarto que o mantinha protegido e entraram, um a um, para um abraço em família, afundando os rostos em seu pelo macio.

Feliz por ver todos eles, Haatchi lambeu suas caras e emitiu sons de alegria, animado. Ofegante, com aquele bafo quente de cachorro, e gemendo de felicidade, o cachorro de 60 kg ficou de pé, com seu 1,20m, ao lado de Owen, de 8 anos, o menininho cuja vida ele transformara.

"Haatchi está sorrindo!", gritou Owen, olhando para a cara peluda de seu melhor amigo. "Bom menino!"

Olhando para baixo e estreitando os olhos por trás dos óculos para os brinquedos na cama de Haatchi, Owen pegou seu preferido e o ofereceu ao gigante gentil. O cachorro cuidadosamente pegou o ouriço Harold da mãozinha de Owen, segurando-o com as mandíbulas fortes o bastante para quebrar o pescoço de um leão. Deitando-se em sua cama, Haatchi manteve o boneco de pelúcia na boca, e então o largou e empurrou para Little B, inclinando a cabeça, esperando brincar.

Colleen e Will se deitaram juntos em um canto confortável da jaula, observando Owen aceitar o desafio de brincar de cabo de guerra com o cachorro.

Haatchi estava com eles havia apenas dois anos, mas parecia sempre ter feito parte de suas vidas. Sua graciosidade e capacidade de perdoar os surpreendia todos os dias, mas eles também sabiam que, desde a noite em que fora vítima da mais terrível crueldade, o cão não sentira nada além da gentileza humana.

Todos, desde Nigel, o gerente da linha férrea, e Siobhan, da Sociedade Protetora dos Animas, que juntos o resgataram naquela noite gelada, até Stan, Fiona, Andy, Angela e toda a equipe de veterinários que cuidou dele, além dos diversos outros voluntários que o ajudaram, todos o guiaram para a casa deles e — principalmente — para Owen.

O cão e o garoto tinham uma longa e árdua estrada para percorrer, mas juntos era como se pudessem dominar o mundo. Enrolados em uma bola gigante de pelos e amor, era quase impossível ver onde Haatchi terminava e Little B começava.

Enquanto Will e Colleen pensavam se conseguiriam fazer Owen ir para a escola naquela manhã, Haatchi falou com eles em sua linguagem especial de cachorro, e o corajoso garotinho deu sua risada característica do Pica-Pau. Incapazes de estragar a diversão, o casal só relaxou e riu junto.

O mundo de acordo com Haatchi e Little B

Ai, Ai – o nome de qualquer dor sentida por Haatchi ou Little B.

Arte de focinho – as marcas deixadas no vidro por Haatchi e Mr. Pixel.

Banho de lambida – a rotina de higiene de Haatchi.

BOL – *Bark Out Loud* (o equivalente canino de LOL [*Laugh Out Loud*, ou seja, rindo alto].

Bumbum careca – o bumbum raspado de Haatchi após a cirurgia.

Cara de segunda – a cara triste de Haatchi e de Little B quando ele vai para a escola.

Cara de sexta – a cara feliz de Little B e de Haatchi ansiosos pelo fim de semana juntos.

Casa para sempre – a casa onde Haatchi vive agora e para sempre.

Dorminhoco – apelido para Little B, principalmente de manhã.

Kiss a Freckle Friday – fotos do focinho cheio de pintinhas de Haatchi postadas no Facebook às sextas-feiras.

Muito aubrigado – muito obrigado.

Reforço de coragem – carinhos especiais entre Haatchi e Little B para dar mais coragem.

Throwback Thursday – fotos antigas de Haatchi e Little B postadas no Facebook às quintas-feiras.

Agradecimentos

Há muitas pessoas a quem agradecer por terem ajudado Haatchi e Little B; muitas delas, nunca viemos a conhecer. Por exemplo, o maquinista de trem que relatou que Haatchi estava nos trilhos, e Nigel Morris, o gerente de operações da ferrovia, que ajudou a resgatá-lo do local com segurança e que veio revê-lo recentemente.

Também há todos os veterinários, médicos e terapeutas que lutaram com muita valentia para manter Owen e Haatchi saudáveis e sem dor. Esperamos ter reconhecido o trabalho de vocês nas páginas deste livro.

Também há aqueles que nos ajudaram mais recentemente, sobretudo nosso editor, Doug Young, e sua equipe na Transworld Publishers, que se apaixonaram por esta história desde o começo e fizeram todos os esforços para dividi-la com o restante do mundo. Também gostaríamos de agradecer à assessora Polly Osborn pelo entusiasmo contagiante, e a todos, desde aqueles que criaram e divulgaram este livro àqueles que o venderam em suas lojas.

Haatchi & *Little B*

O amor e o apoio de nossas famílias em todos os passos dessa jornada com Haatchi e Little B têm sido valiosíssimos, e devemos agradecimentos sinceros a nossos pais e familiares, Joan e Bill Howkins, Sara e Hugh Knott, e Kathryn e Tui Harrison, assim como nossos irmãos, amigos e familiares.

Um agradecimento especial para Kim, mãe de Owen, que generosamente ajudou a todos nós neste projeto.

Somos profundamente gratos a todos vocês.

A vida de Haatchi nunca teria sido salva e facilitada se não fosse a importante rede de pessoas generosas que o ajudaram pelo caminho. Little B tem sido igualmente abençoado.

Muitos dos que os ajudaram trabalham como voluntários para instituições de caridade que precisam desesperadamente de apoio. Outros são empresas ou organizações para quem o seu trabalho seria bem-vindo nessa época de dificuldades. Se vocês quiserem agradecer a eles de alguma forma, em nome de Haatchi e Little B, eles (e nós) ficaríamos felizes.

Os nomes e os detalhes estão nas próximas páginas.

Muito aubrigado!

All Dogs Matter
30 Aylmer Parade
London N2 0PE

Anderson Moores Vets
The Granary
Bunstead Farm
Poles Lane
Hursley
Winchester
Hampshire SO21 2LL

Crufts
www.crufts.org.uk

Dogs and Kisses
www.dogsandkisses.co.uk

Dogs Today Magazine
www.dogstodaymagazine.
co.uk

Dogs Trust
www.dogstrust.org.uk

Endal Awards
www.londonpetshow.co.uk

**Fiona Simpson
Doggiebears**
www.facebook.com/pages/
The-papier-mache-zoo/
176374135774959

**Greyfriars Veterinary
Rehabilitation &
Hydrotherapy Referrals**
The Veterinary Centre
Hogs Back
Guildford
Surrey GU3 1AG

**Harmsworth Memorial
Hospital**
22 Sonderburg Road
Holloway
London N7 7QD

K9 Rehabilitation
2 Titchener Close
Bicester
Oxfordshire OX26 2BZ

Make A Wish Foundation
329–331 London Road
Camberley
Surrey GU15 3HQ

**Muffin's Dream
Foundation**
www.muffinsdreamfoun-
dation.co.uk

Nutriment Raw
Enterprise House
1 Bridge Road
Camberley
Surrey GU15 2QR

Haatchi & *Little B*

OrthoPets Europe
Elmtree House
Breadstone
Berkeley
Gloucestershire GL13 9HF

Petplan
Great West House
Brentford
Middlesex TW8 9DX

Rescue Helpers Unite
www.rescuehelpersunite.co.uk

RSPCA
Freepost (SW2465)
Horsham
West Sussex RH13 9RS

Sara Abbott Animal Portraits
www.sara-abbott.com

Starlight Children's Foundation
Macmillan House
Paddington Station
London W2 1HD
www.starlight.org.uk

UK German Shepherd Dog Rescue Ltd
3 Ash Lane
Appleton
Warrington
Cheshire WA4 3DD

White Lodge Centre
Holloway Hill
Chertsey
Surrey KT16 0AE
210

Créditos das fotos

TODAS AS IMAGENS foram oferecidas como cortesia pela família Howkins, exceto as seguintes:

Página 11: No sofá do *This Morning* © ITV; ganhando o "Friends for Life" no Crufts © Crufts.

Página 13: Raios-X de Haatchi e o primeiro dia em pé, ambas cortesia de Anderson Moores.

Página 14: Vencedores do Braveheart Award © The British Animal Honours 2013: Whizz Kid Productions Limited for ITV.

Páginas 15 e 16: Fotos do casamento © Kenga photography.

Todos os esforços foram feitos para encontrar os donos dos direitos autorais. Nós nos desculpamos por qualquer omissão nesse respeito e informaremos os devidos créditos em edições futuras.

Este livro foi composto na tipologia Minion Pro,
em corpo 12/15, e impresso em papel off-white no Sistema
Cameron da Divisão Gráfica da Distribuidora Record.